GRUPOS
DE DOCE

Una nueva manera para la movilización de líderes y la multiplicación de grupos en su iglesia

JOEL COMISKEY

GRUPOS DE DOCE

Una nueva manera para la movilización de líderes y la multiplicación de grupos en su iglesia

Calidad en Literatura Evangélica
editorial clie

Editorial CLIE
Galvani, 113
08224 TERRASSA (Barcelona)

GRUPOS DE DOCE
Una nueva manera para la movilización de líderes y la multiplicación de grupos en su iglesia

Publicado originalmente por *TOUCH Publications* con el título:
GROUPS OF 12
A new way to mobilize leaders and multiply groups in your church

Traducción: Edmundo Goodson

Diseño y maquetación: Nicanor Gálvez-CLIE

Depósito legal: B. 16.606-2001
ISBN: 84-8267-180-4

Impreso en los Talleres Gráficos de la M.C.E. Horeb,
E.R. nº 2.910 SE – Polígono Industrial Can Trias,
c/Ramon Llull, 5-7 – 08232 VILADECAVALLS (Barcelona)

Printed in Spain

Clasifíquese: 500 ECLESIOLOGÍA: Iglecrecimiento-Métodos y estrategias
C.T.C. 01-06-0500-21
Referencia: 22.43.12

«¡Un gran libro! Lo leí todo de una vez. Joel Comiskey ha extrapolado las verdades bíblicas básicas halladas en el modelo G-12 usadas en la Misión Carismática Internacional en Bogotá, Colombia, y las hace fácilmente utilizables para cualquier pastor que desee implementar cualesquiera de estos valores en la iglesia local.»

LARRY KREIDER
Director Internacional, Comunidad Internacional Cristiana DOVE.

«Dios en Su gracia ha derramado el vino nuevo entre nosotros, y el modelo G-12 es el nuevo odre que contendrá la abundante cosecha que vendrá.»

JUAN ARNOTT
Pastor Principal, Comunidad del Aeropuerto de Toronto.

«¡Esta es una obra maestra! Con este libro Joel Comiskey a hecho una contribución importante al movimiento de la iglesia celular.»

RALPH W. NEIGHBOUR, hijo
Fundador, Ministerios para la Evangelización TOUCH, Inc.

«¡Excelente! Comiskey nos da la explicación más comprensiva y llena de discernimiento que yo haya oído o leído hasta ahora. ¡El capítulo siete por sí sólo vale su peso en oro!»

KAREN HURSTON
Ministerios Hurston.

«Cuando terminé de leer este libro sabía exactamente qué hacer a continuación con nuestro ministerio celular. Contestaba las preguntas claves y señalaba peligrosos escollos que debían ser evitados. Leyendo este libro recibimos más información que yendo a Bogotá, y mucho más económico. La investigación exhaustiva y experiencia de primera mano se combinan para darnos un libro poderoso que será de importante ayuda a innumerables líderes.»

JIM EGLI
Director de Entretenimiento, Ministerios para la Evangelización TOUCH, Inc.

«Entender los principios fundamentales del modelo G-12 de MCI ayudará a cualquier iglesia a alcanzar más personas, a hacer discípulos fuertes en Cristo Jesús y a tener un crecimiento continuo. Joel Comiskey claramente articula estos principios y al mismo tiempo da entendimiento para su aplicación en las iglesias en Estados Unidos de Norteamérica. Este es un relato refrescante y revelador del modelo de la iglesia celular G-12.»

BILLY HORNSBY
Director Nacional, Red de la Iglesia Celular Betania.

«Joel nos aclara los principios G-12 para ayudar tanto a la iglesia que quiere saber como también para aquella que ya está haciendo la transición. Estos principios ayudarán a dar "el puntapié inicial" para la evangelización y la multiplicación en nuestra iglesia. Gracias, Joel, por otro examen excelente de la visión de la iglesia celular para cumplir la Gran Comisión.»

DR. AL WOODS
Pastor Principal, Iglesia Puerta de la Esperanza, Fairbanks, AK.

«Devoré el nuevo libro de Joel Comiskey, *Grupos de 12* dentro de las 48 horas después de haberlo recibido. Dejemos que Joel nos dé una explicación clara del modelo G-12 y la Misión Carismática Internacional, mientras no nos olvidemos que la bendición de Dios siempre tiene mucho más para hacer con los valores que con la estructura.»

JAY FIREBAUGH
Iglesia de los Hermanos de la Gracia del Este, Columbus, OH.

«Joel Comiskey ha hecho que el modelo G-12 sea fácil de entender descubriendo los principios básicos que hacen que el modelo sea tan poderoso para levantar y liberar líderes. Este es un libro cuya lectura es obligatoria para los que seriamente desean la multiplicación de líderes para la cosecha.»

GERALD MARTIN
Pastor principal, Iglesia y Ministerios Cornerstone, Harrisonburg, VA.

«Joel Comiskey ha hecho un gran servicio al movimiento de la iglesia celular al darnos este libro. Tomando ventaja de su experiencia personal visitando algunas de las iglesias celulares más grandes del mundo, él establece claramente tanto los puntos a favor como los que son contrarios, extranjeros y nacionales, y los aspectos espirituales y prácticos del modelo G-12.»

DR. STEVE BENNETT
Pastor Principal, Iglesia Bautista Colonial Hills, Southaven, Mississippi.

«Joel Comiskey ha cautivado por nosotros la esencia del modelo G-12 que está invadiendo todo el mundo.»

BOB DAVIS
Pastor Principal, Iglesia de Dios Long Reach, Columbia, MD.

ÍNDICE

RECONOCIMIENTOS

Aunque mi nombre aparece sólo en la cubierta del libro, no estaba solo cuando lo escribía. El éxito de este libro es debido a las importantes contribuciones de ciertas personas. Para empezar, y ante todo, quiero agradecer a mi esposa Celyce por su apoyo, sus revisiones, y ánimo. En segundo lugar, agradezco a mi editor, Scott Boren, que sirvió de guía para el desarrollo de este libro tomando los manuscritos desordenados en sus primeras etapas y poniéndolos en orden. La guía experta de Scott sirvió de una manera muy importante para darle forma a este libro. Jim Egli proveyó una investigación fundamental sobre el modelo G-12 y la compartió conmigo gratuitamente. Quiero agradecer también a todo el personal de la Misión Carismática Internacional, y especialmente a Luis Salas por ayudarme a entender el modelo G-12. Finalmente quiero agradecer a todos los pastores mencionados en los Capítulos 10-11 por enviarme resúmenes explicando cómo adaptaron el modelo G-12 en su propio contexto.

PREFACIO

Cuando David Yonggi Cho era un pastor joven, Dios le dio la visión de darles la comisión a los creyentes coreanos para que llegaran a ser líderes de grupos celulares. Él fue pionero de los modelos de las iglesias celulares, trabajando sobre los detalles a través de muchos años de pruebas y de errores. Un estudio de esta iglesia revela un período inicial de siete años cuando las células se duplicaban vez tras vez. Luego el ministerio hizo una explosión como cuando un satélite artificial es lanzado al espacio. En el momento actual el Pastor Cho no sólo pastorea la iglesia más grande del mundo, sino que también ha enviado misioneros coreanos a todos los rincones de todos los continentes. Este crecimiento vino después de mucha oración y guía dada por el Espíritu Santo. La oración y el ayuno llegaron a ser el mismo palpitar del corazón de su programa de capacitación mientras insertaba en los corazones de cada miembro de sus células el celo de recoger una importante cosecha. Aquellos que han visitado su ministerio observarán el modelo clásico celular, la Congregación y la Celebración. Ha llevado 35 años para alcanzar la madurez. Muchos de nosotros, yo me incluyo, hemos seguido este modelo para estructurar los grupos celulares como la iglesia de las «Comunidades Cristianas Básicas» en su forma más básica. A este modelo coreano en este libro se le llama la estrategia «Cinco por Cinco» (5x5).

En los últimos años se ha creado por el Espíritu Santo, por medio de sus siervos de corazón César y Claudia Castellanos, en Bogotá, Colombia, una estructura que es una alternativa para el desarrollo de las células. Ellos han llamado esta estructura, los «Grupos de Doce». Ha estado surgiendo año tras año, dirigida por el pastor y su grupo «G-12». En mis dos visitas a Bogotá, llegó a ser evidente que habían colaborado muchos para diseñar esta estructura. César Fajardo, uno de los Doce, ha tenido un papel importante en su desarrollo. Otros en el Grupo de los Doce del Pastor también han contribuido a los conceptos y estrategias que se utilizan ahora.

El desarrollo de la Misión Carismática Internacional, incluido en este libro, es un informe de barro húmedo y blando en las manos de alfareros llenos del Espíritu Santo. ¡Ahora es considerada la segunda iglesia celular más grande del mundo! El «Principio de los Doce» ha sido adoptado por las iglesias en todas partes.

Usted vendrá a este libro muchas veces para reflexionar sobre el brillante informe realizado por Joel Comiskey. Ore para que lluevan las más ricas bendiciones sobre César y Claudia Castellanos, a quienes les fue confiado este concepto. Ore también para saber cómo aplicará usted los principios presentados en este libro en su propio ministerio.

Dr. Ralph W. Neighbour, hijo.

INTRODUCCIÓN

El movimiento de «Los Grupos de Doce» (G-12) se está extendiendo por todo el mundo como un reguero de pólvora. Después de implementar el modelo G-12, la Misión Carismática Internacional, la iglesia que fundó esta estrategia, se desarrolló rápidamente de 70 grupos pequeños a 18.000, en solamente ocho años. Cuatro de las iglesias celulares más grandes en el mundo son ahora iglesias que han adoptado este sistema G-12.[1] Llegan noticias desde India de iglesias que son transformadas por esta sencilla estrategia. Desde que el Centro de Oración Mundial Betania, la iglesia celular más prominente en EE.UU., decidió hacer la transición al modelo G-12, muchas otras iglesias norteamericanas están siguiendo su ejemplo. Las iglesias quieren entender el modelo G-12 y lo que es más importante aún, saber cómo aplicarlo a su propia situación.

Un pastor viajó a la Misión Carismática Internacional (MCI) para «recibir el fuego» y aprender acerca del modelo G-12. Dios lo transformó durante su estadía allí. Fue testigo de varias curaciones, un culto juvenil el sábado de 18.000 personas, y la visión para alcanzar una ciudad. Este pastor observó cómo las 18.000 células cuidaban sus líderes celulares y produjeron ese crecimiento tan asombroso. Él decidió que su propia iglesia tendría que seguir el mismo camino.

Como muchos otros antes que él, regresó a su iglesia con el deseo de llevar a cabo esta nueva estrategia. Pronto, sin embargo, se descorazonó. A su congregación le faltaba la dinámica espiritual encontrada en MCI. La base de la oración de su iglesia era débil, y muy pocos entendían la necesidad de multiplicar el grupo pequeño. Las seis células existentes en su iglesia se resistieron a la idea de dar a luz nuevas células. Su entusiasmo menguó cuando descubrió que su realidad era muy diferente de la de MCI.

Muchos vuelven de Bogotá entusiasmados por la atmósfera de avivamiento de MCI. Desean copiar el modelo G-12 íntegramente, pero se equivocan por no discernir entre los principios G-12 transferibles y aquellos que son puramente culturales.

Las iglesias también están en desventaja cuando intentan llevar a cabo el modelo G-12 porque tampoco se ha publicado sobre esto. Porque se conoce tan poco sobre MCI, las personas viajan a Bogotá para entender su sistema. Este libro puede ahorrarle el viaje.

¿QUÉ SON LOS G-12?

¿Qué es este modelo G-12? El Dr. Ralph Neighbour asevera que: «El modelo G-12 es confusamente sencillo».[2] ¿Es un nuevo enfoque del discipulado? ¿Es otro sistema celular? ¿Es un cierto énfasis en los grupos homogéneos? Los siguientes capítulos definirán el modelo G-12 y quitarán el velo del misterio que lo recubre. Antes de investigar el funcionamiento interno del sistema G-12 es necesario hacer algunas aclaraciones.

Primero, el modelo G-12 no reemplaza eficazmente el sistema de la iglesia celular. Más bien, puede mejorar su sistema de iglesia celular aumentando su capacidad para desarrollar líderes y multiplicar los grupos. Puede afinar su sistema de iglesia celular, pero no reemplazará las células. César Castellanos, el fundador de MCI declara:

La Misión Carismática Internacional ha crecido a un ritmo que impactó al mundo porque contamos con toda una infraestructura para desarrollar el trabajo celular. Llegué a la conclusión, después de conocer otros ministerios en distintos países, que el mejor método para que una iglesia crezca es a través de las células o reuniones de hogar. Dejamos a un lado todos los programas que absorbían la mayor parte de nuestro tiempo sin que dieran mayores resultados y establecimos en toda su extensión sólo uno: El programa celular.[3]

El modelo G-12 (o una combinación de él) proporciona una manera de poner a punto su iglesia celular para el crecimiento. Requiere menos estructura y funciona muy bien desde el comienzo. Sin embargo, no le producirá una iglesia celular.

Segundo, el modelo G-12 conserva el fruto de la evangelización. Castellanos dice: «El modelo G-12 no es para que su iglesia crezca. Lo que da el crecimiento es el trabajo de evangelización. El modelo G-12 es la estrategia de Dios para conservar el fruto.»[4] La clave, según César, es la evangelización. Muchas personas quieren aprender el modelo G-12, pero no están ganando la multitud. El consejo de César Castellanos es ganar la multitud primero y entonces conservar el fruto por medio del modelo G-12.[5]

Tercero, el principio más importante del modelo G-12 es convertir a cada miembro en un potencial líder de célula. Todos los líderes de células en MCI buscan transformar los miembros de sus células en líderes. El modelo G-12 es esencialmente una estrategia para la multiplicación de líderes.

Cuarto, el modelo G-12 pondrá a punto su cuidado pastoral de los líderes de las células. Durante años, la iglesia celular usó principalmente el modelo Jetro (la estructura 5x5) para cuidar el liderazgo de las células. El modelo G-12 ha dado una nueva alternativa, una nueva manera de mirar el ministerio de la iglesia celular.

En el modelo G-12 cada líder de célula debe rendir cuentas a su autoridad superior mientras es responsable por los líderes más jóvenes que van surgiendo en la célula. César Castellanos dijo: «Este modelo elimina totalmente el problema del cuidado de las personas porque todas son cuidadas por un líder de 12».[6]

INVESTIGANDO LO OBVIO

Visité MCI en 1996, 1997, 1998, 1999 y 2000. Cada una de mis visitas distaba casi un año de la anterior, así que pude discernir un progreso muy importante en el modelo G-12 y analizarlo con el transcurso del tiempo. Mi investigación original era parte de mi doctorado en el Seminario Teológico Fuller. He analizado sus publicaciones (principalmente en español), he asistido a sus reuniones, y entrevisté a sus líderes.[7]

Debido al cambio constante de MCI siguiendo la guía del Espíritu de Dios, tuve que cavar debajo de la estructura de la superficie para delinear los principios G-12 vitales. Después que entienda estos principios, usted deberá aplicarlos a su propia situación.

Este libro es mucho más que un ejercicio teórico. Estoy sirviendo como uno de los pastores en una iglesia celular llamada la Iglesia de la República, en Quito, Ecuador. Mi pastor principal, Porfirio Ludeña, visitó MCI en dos ocasiones diferentes. Él guió nuestra iglesia celular pacientemente en la transición al modelo G-12. Nosotros, como un equipo pastoral, luchamos para aplicar los principios G-12 en nuestro contexto. Lo más importante era que teníamos que determinar qué principios queríamos aplicar en nuestra iglesia. A esta altura, ya hemos hecho la transición totalmente al modelo G-12. Pero nuestra estrategia G-12 parece extrañamente diferente que el modelo de Bogotá. Yo anticipo que su transición también producirá un modelo original. Dios desea que cada iglesia celular use su creatividad.

Si bien este libro explica el modelo G-12 original de la Misión Carismática Internacional, no endosa todos los aspectos de su modelo. Usted no tiene que ser «carismático» ni estar de acuerdo con MCI para beneficiarse de los principios G-12. En cambio, una comprensión clara de MCI debe guiarlo a los principios cruciales que usted puede aplicar en su iglesia.

¿Los G-12 son para usted?

Si usted está deseoso de ver a cada persona como un líder potencial o quiere saber cómo integrar a cada persona en su sistema de entrenamiento, el modelo G-12 proporcionará el eslabón que falta. Las iglesias en todo el mundo están descubriendo que los principios G-12 aportan el discipulado y el cuidado pastoral eficaces para los nuevos líderes de las células. Usted no tiene que aplicar toda la estructura de MCI para beneficiarse de los principios G-12.

Si no está muy seguro del modelo G-12, para cuando termine este libro, usted entenderá los principios G-12 fundamentales, y deberá saber también cuáles se aplican a su situación particular.

CAPÍTULO 1

CONSTRUYENDO SOBRE LA BASE DE UNA VISIÓN

Algunos problemas son maravillosos –como es el caso de experimentar un crecimiento tan rápido de la iglesia que resulta necesario alquilar un estadio de fútbol para contenerlo–. ¿Y qué me diría si tuviera que alquilar el estadio y entonces inmediatamente necesitara realizar dos cultos? ¿Puede imaginar usted un culto para jóvenes el sábado a la noche en la que se reúnen 18.000 personas todas las semanas.

Bienvenida a la Misión Carismática Internacional donde la oración y una atmósfera de avivamiento son un estilo de vida. Habiendo comenzado en una sala con ocho personas, esta iglesia ha cautivado la atención del mundo debido a la obra poderosa del Espíritu Santo de Dios.

MCI está dando al mundo una nueva perspectiva con respecto a Colombia, un país más conocido por el tráfico de drogas y las guerrillas que por el crecimiento rápido de la iglesia. Acerca de Colombia, el principal exportador del mundo de la cocaína, Patrick Johnstone escribe: «La corrupción, el chantaje, el secuestro, el asesinato y los homicidios de venganza han embrutecido la sociedad».[1]

Sin embargo, donde el pecado abunda, Dios manifiesta Su asombrosa gracia. El Pastor Castellanos se opuso a la ola de pecado y echó mano a un futuro diferente para su país. Las personas están oyendo hablar ahora de Colombia desde un punto de vista positivo. Ellos no pueden hablar bastante sobre la asombrosa obra de Dios por medio de los grupos G-12. Cristo está conquistando la oscuridad del pecado y de Satanás y está mostrando al resto del mundo cómo sucede el crecimiento dinámico.

El testimonio de César Castellanos

César Castellanos es el octavo hijo en una familia de doce. Debido a la muerte repentina de su padre, su madre crió toda la familia.[2] César, como muchos adolescentes, experimentó con las drogas y buscó respuestas lejos de Jesucristo.

Como un estudiante universitario en 1972, se enojó con su profesor de filosofía que continuamente atacaba la fe cristiana. Con la Biblia en una mano, este profesor les desafió a que le probaran que estaba equivocado. César aceptó el desafío, aunque no era un creyente en ese momento. Dios en Su soberanía utilizó un profesor ateo para moverlo a estudiar la Biblia.[3]

Cuando César empezó a leer Génesis, Dios se manifestó. La presencia de Dios inundó el cuarto con una luz brillante, y César se sometió a Jesucristo. Cristo transformó a César, dándole la liberación de las drogas y el alcohol. El Espíritu Santo llenó el vacío, concediéndole hambre por la Palabra de Dios.[4]

Desilusión en el ministerio

Lleno de una pasión ardiente por Jesucristo, Castellanos empezó a proclamar el mensaje del evangelio en las calles de Colombia. Al igual que Juan Wesley y George Whitefield, llevó su mensaje a las masas. Castellanos también predicó desde los púlpitos y por nueve años pastoreó varias iglesias pequeñas de varias denominaciones. Ningún éxito extraordinario marcó aquellos primeros años de su ministerio. Así como a Moisés, Dios estaba preparando a Castellanos en la soledad del desierto.

Él se sintió frustrado por la falta de compromiso y discipulado entre sus nuevos convertidos. Las personas recibían a Cristo, entraban en la iglesia, y rápidamente escapaban por la puerta trasera. Los métodos tradicionales para el crecimiento de la iglesia rindieron poco fruto duradero.

Dios lo llevó a un punto de quebrantamiento.[5] Bajo las instancias del Espíritu Santo, renunció al pastorado para esperar en Dios y determinar Su voluntad. «Señor, no voy a comprometerme con nadie hasta que tú me hables. Necesito saber lo que tú quieres que yo haga», dijo él.[6] Y Dios habló.

Dios habla

«¿Qué clase de iglesia te gustaría pastorear?», Le preguntó Dios a Castellanos en 1983. Él se imaginaba una iglesia de 120 personas, la cantidad que había tenido su iglesia más grande. Castellanos explica:

> «Yo estaba esforzándome por aumentar ese número en mi mente, pero no podía. Así que empecé a mirar la arena de la playa. Cuando la miraba, cada grano de arena se volvió una persona, y empecé a ver centenares de miles de personas. Entonces el Señor dijo: «Eso y mucho más te daré, si estás en mi perfecta voluntad».[7]

Animado por la visión, Castellanos empezó otra iglesia, esta vez en la sala de su casa. Él nombró su iglesia la «Misión *Carismática* Internacional» como una estrategia de evangelización para alcanzar a los católicos. En los años ochenta, la mayoría católica colombiana (97%) rechazaba el nombre «Evangélico» pero estaba más abierta al término «Carismático».

Esta vez el Pastor César empezó con la unción, la visión de Dios y el compromiso de tener metas claras. Su primera meta era alcanzar 200 personas en seis meses. Él escribe: «Yo podía ver a las personas que iban llegando. Había tantos que podía verles formando filas. Las personas estaban esperando que otros salieran así ellos podrían entrar. ¡Desde ese momento en adelante, todo lo que he hecho y todo lo que hago está basado en la fe!»[8] ¡En tan sólo tres meses había 200 personas!

Siguiendo el modelo coreano

El viaje del Pastor César a Corea en 1986 le proveyó de los principios fundamentales para establecer un sistema de iglesia celular. Él y su esposa Claudia volvieron transformados por el potencial para un crecimiento ilimitado de la iglesia. Castellanos siempre creyó en el papel de los grupos pequeños, pero en 1986, él asió la necesidad de seguir un sistema de iglesia celular como la manera de sostener el crecimiento de los grupos pequeños.

Teniendo sólo un modelo para seguir, MCI copió íntegramente el sistema de Cho. El Pastor César organizó sus grupos pequeños geográficamente en Bogotá. Mirando atrás, reconoció que el primer sistema necesitaba un ajuste. Al copiar el modelo íntegramente, no lo adaptó a su propio contexto cultural. MCI cojeó desde 1986 hasta 1991, esperando tener éxito pero dándose cuenta que algo estaba faltando. Las células crecían, pero muy despacio. A fines de 1991, había sólo setenta grupos celulares.

La revelación de los doce

Entonces Castellanos clamó: «Señor, yo necesito algo que me ayude a acelerar el crecimiento».[9] Dios le reveló el eslabón que faltaba mostrándole el modelo G-12. Esta revelación, según Castellanos, era como cuando Newton descubrió la ley de la gravedad. Newton probablemente vio muchas manzanas que caían a tierra. Pero en cierta ocasión, Newton lo tomó en cuenta de una manera especial y empezó a hacerse algunas preguntas, como:

«¿Por qué cae la manzana directamente a tierra? ¿Por qué no se cae hacia arriba? ¿O hacia un costado?» Su mente investigadora lo llevó a descubrir la ley de la gravedad.

Algo similar pasó con el Pastor César. Un día él estaba leyendo sobre Jesús y sus doce discípulos. Había leído este pasaje previamente muchas veces, pero esta vez vio algo nuevo. «¿Por qué doce discípulos? ¿Por qué no trece? ¿Por qué no entrenó a las multitudes?» Cuando empezó a hacerse estas preguntas, como una manzana que se cae de un árbol, Dios lo llevó al concepto de los doce.[10]

EL PASAJE ERA MATEO 9:35-10:1

Recorría Jesús todas las ciudades y aldeas, enseñando en las sinagogas de ellos, predicando el evangelio del Reino y sanando toda enfermedad y toda dolencia en el pueblo. Al ver las multitudes tuvo compasión de ellas, porque estaban desamparadas y dispersas como ovejas que no tienen pastor. Entonces dijo a sus discípulos, «A la verdad la mies es mucha, pero los obreros pocos. Rogad, pues, al Señor de la mies, que envíe obreros a su mies». Entonces, llamando a sus doce discípulos, les dio autoridad sobre los espíritus impuros, para que los echaran fuera y para sanar toda enfermedad y toda dolencia.

Jesús «llamó a sus doce discípulos», sabiendo que la cosecha era demasiado abundante para ser recogida por una sola persona. Necesitaba trabajar a través de otros para atender a las masas. Cristo escogió doce discípulos para ayudarle a llevar a cabo el trabajo de Su Padre. Los doce eran Sus ayudantes, sus asistentes en el trabajo.

Jesús se quedó continuamente con sus doce discípulos. Ellos eran Sus discípulos «a largo plazo» o «permanentes». Él se rió con ellos, se regocijó con ellos, y les enseñaba lecciones diariamente. Él les diría: «Observen esto». Después preguntaría: «¿Qué descubrieron?» En una ocasión los discípulos de Cristo observaron las ofrendas generosas de los líderes religiosos, comparadas con las dos monedas de cobre de la viuda pobre. Jesús les enseñó que la viuda ofreció más porque ella dio de su pobreza (Lucas 21:1-4). Jesús se aprovechó de cada situación para enseñar a sus discípulos. Él fue por todas partes con ellos para prepararlos y entrenarlos para la cosecha. Castellanos escribe:

> Empecé a ver el ministerio de Jesús con claridad. Las multitudes le siguieron, pero Él no entrenó las multitudes. Él sólo entrenó doce, y todo lo que Él hizo con las multitudes era para enseñar a los doce. Entonces el Señor me hizo otra pregunta: «Si Jesús entrenó a doce, debes ganar más de doce o menos de doce?»[11]

Castellanos sintió que la revelación era de Dios. No estaba satisfecho con su sistema celular que había producido tan sólo 70 células. Con este nuevo conocimiento, empezó a derramar su vida en sus líderes, así como hizo Jesús. Castellanos esperaba que su propio grupo de doce hiciera lo mismo –que cada uno hallara sus doce y que reprodujera la semejanza de Cristo en ellos.

ESPERANDO EL TIEMPO DE DIOS

«Señor, yo quiero empezar inmediatamente», pensó Castellanos. Sin embargo Dios le dijo: «Espera». El Señor le mostró que su copastor quería dividir la iglesia. Él quería establecer su propio reino. Dios dijo: «Si este hombre conoce la visión que te estoy dando y comienza a multiplicarse, de aquí a un año tendrá tantas personas que dirá: estos son mis discípulos, nada tengo que ver con la Misión Carismática Internacional, formaré iglesia aparte!» Éste era un tiempo doloroso para Castellanos, a semejanza de lo que Jesús sufrió en las manos de Judas.[12]

Aunque Dios había mostrado al Pastor César que este hombre quería dividir la iglesia, no había ninguna evidencia concreta, así que Castellanos tenía que esperar. En el futuro este copastor empezó a manifestar un espíritu de rebeldía y ambición personal, pero por ese tiempo su autoridad se reducía al pastorado de una iglesia satélite en una ciudad distante. Cuando finalmente intentó dividir la iglesia, sólo atrajo cinco familias y por último se alejó de MCI totalmente.[13]

EL TIEMPO DE LA COSECHA

Cuando llegó el momento propicio Castellanos escogió doce discípulos con quienes se reunía todas las semanas. Éstos siguieron el mismo modelo con sus discípulos. César Fajardo, el cuñado de César Castellanos y uno de los doce originales de Castellanos, empezó a discipular doce líderes de entre las personas jóvenes. El sistema G-12 funcionó tan bien con la juventud que rápidamente se extendió por toda la iglesia.[14] Mientras trabajaban y desarrollaban el sistema de los doce, Dios empezó a dar en MCI un crecimiento sin precedentes.[15]

De 1991 a 1994 las células crecieron de 70 a 1.200. Pero la verdadera explosión de las células en las casas tuvo lugar entre 1995 y 2000. En tan sólo un año, durante 1996, las células crecieron de 4.000 a 10.500. En 2000 había 20.000 grupos celulares y alrededor de 47.000 personas que asistían a las celebraciones en el estadio interior y diez iglesias satélites en la ciudad de Bogotá.[16] César dice: «Hemos crecido tanto que ya no contamos personas en nuestra congregación, contamos células».[17]

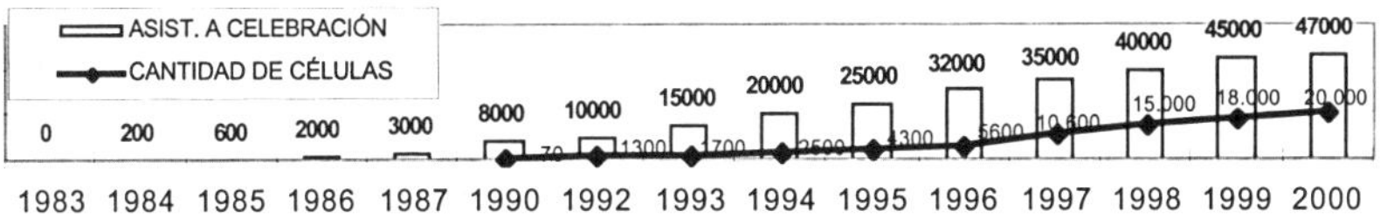

EL ATAQUE CONTRA CÉSAR CASTELLANOS

Un domingo del mes de mayo de 1997, una motocicleta se tiró delante del vehículo del Pastor César y su familia cuando se detuvieron delante de una luz roja. De repente, el motociclista extrajo una ametralladora y abrió fuego sobre su automóvil. El Pastor César recibió cuatro tiros y Claudia tres. Los niños salieron ilesos.

Este ataque violento asustó al mundo evangélico, sin embargo las oraciones fervientes que siguieron a este ataque horrible resultaron para «la gloria de Dios». Dios sanó al Pastor César y ya no hay ninguna señal visible de que él hubiese sido herido. La supervivencia del Pastor César es un milagro; los doctores quedaron asombrados de que la bala atravesó su cuello sin tocar su laringe o columna, mientras que otro tiro habría perforado su corazón si no hubiera sido por su reloj que lo desvió lejos.

Y este no es el primer ataque que sufre Castellanos. Dos semanas antes del tiroteo, los ladrones irrumpieron en su casa y ataron a su familia y a dos ministros visitantes antes de huir con todo su equipo electrónico. Colombia está manteniendo su reputación ciertamente como la nación más violenta sobre la tierra.[18]

Después del intento de asesinato, Castellanos dijo: «Yo tenía miedo todo el tiempo. No podía orar como acostumbraba hacerlo». Dios empezó a hablarle y un día dijo: «Quiero que perdones a esos hombres que intentaron matarte». Esto era sumamente difícil para el Pastor César porque él realmente había orado para que sus cabellos grises bajaran al infierno. Pero le rogó a Dios que le ayudara. Empezó a orar por los asesinos e incluso bendijo a los que intentaron acabar con su vida. Cuando terminó de orar, un peso enorme cayó de sus hombros. La alegría de Dios llenó su alma. Dios lo alzó una vez más de las cenizas y empezó a transformar su ministerio. Él aprendió una lección importante: «Nunca permita que las circunstancias maten sus sueños».[19]

A menudo los que son usados grandemente por Dios tienen que atravesar valles profundos. Dios sabe lo que está haciendo, aunque a menudo nosotros no entendemos.

Cuando Dios quiere taladrar un hombre, entusiasmar un hombre, y capacitar un hombre;

Cuando Dios quiere amoldar a un hombre para emprender la parte más noble;

Cuando anhela con todo Su corazón crear un hombre tan grande y tan valiente

Que todo el mundo se asombrará: ¡Observe Sus métodos; observe Sus caminos!

¡Cómo Él perfecciona implacablemente al que Él elige soberanamente!

Cómo lo martilla y lo hiere, y con fuertes golpes lo convierte

En las formas de prueba de arcilla que sólo Dios entiende;

Mientras su corazón torturado está llorando, y alza sus manos suplicantes,

Cómo aprieta pero no ahorca, cuando su bien Él emprende,

Cómo Él usa a quien escoge y con cada propósito lo funde,

Con cada acto lo induce a poner a prueba Su esplendor.

¡Dios sabe lo que está haciendo![20]

SE NECESITAN SOÑADORES

En primer lugar Dios le dio un sueño a José (Génesis 37). Después, Él lo preparó para cumplir ese sueño. Si José no hubiera sido un prisionero en Egipto nunca habría llegado a ser el gobernador de Egipto. Dios da sueños y visiones pero sólo los cumple a través de vasos preparados –los que han sido prisioneros en Egipto.

César Castellanos empezó como todos nosotros. Trabajó, experimentó, y falló. Llegó al final de sus propios recursos, pero entonces Dios se reveló de una nueva manera. Dios destapó la manera de poner a punto su filosofía de la iglesia celular.

Dios lo está preparando para un propósito especial. Él quiere cumplir su sueño en usted. «Observe Sus métodos; observe Sus caminos».

CAPÍTULO 2

DETRÁS DE LOS NÚMEROS

En 1972 la NASA lanzó la sonda espacial exploratoria Pioneer 10. La misión principal del satélite era localizar a Júpiter, fotografiarlo con sus lunas, y enviar a tierra los datos sobre el campo magnético del planeta, las zonas de radiación y su atmósfera. Los científicos consideraron esto como un plan intrépido porque hasta entonces ningún satélite había ido más allá de Marte. Pioneer 10 excedió todas las expectativas de sus diseñadores, no sólo siguiendo de largo más allá de Marte, sino también de Júpiter, Urano, Neptuno y Plutón. En 1997, veinticinco años después de su lanzamiento, Pioneer 10 estaba a más de seis mil millones de millas del Sol. Y a pesar de la inmensa distancia, el satélite continúa emitiendo señales de radio a los científicos en la Tierra. ¿Cómo hace Pioneer 10 para seguir emitiendo señales? Por medio del transmisor de ocho vatios. La llave al éxito incesante de Pioneer 10 es la fuente de poder.

Algunos examinan MCI y dicen que el sistema G-12 es el secreto de su éxito. Pero hay mucho más en esta iglesia que su estructura. Los 18.000 jóvenes el sábado por la noche, la adoración excitante, o la estructura G-12 sólo forma la cáscara exterior, una cáscara que está vacía sin la fuente de poder.[1] Para entender el éxito de MCI hay que examinar la fuente de poder y los valores de esta iglesia.

No se debe estudiar el modelo G-12 en el vacío. Es sólo parte de un todo mayor. Hay otros factores no visibles a simple vista en

MCI que han hecho que esta iglesia pudiera crecer tan rápidamente. Estudie estas características mientras verifica la salud espiritual de su propia iglesia.

MÁS QUE MÉTODOS

MCI no se olvida de lo que la mayoría de las personas no reconocen: el éxito de la iglesia es debido principalmente a la bendición de Dios más que a los cambios estructurales. A menudo los cristianos norteamericanos no captan esta lección. Sin decirlo explícitamente, muchos asumen que la estructura G-12 producirá el fruto por sí sola.

El Pastor César da el ejemplo de un pastor que realmente cambió el nombre de su iglesia y la llamó «Misión Carismática Internacional», esperando capturar de este modo la unción de la iglesia. Otro pastor cambió las sillas en su iglesia para que estuvieran igual que en MCI. Sin embargo, la iglesia no crecía.[2]

Durante mi tercera y cuarta visita a MCI, finalmente dejé de enfocar en el método y empecé a explorar las características espirituales de la iglesia. Puesto que para ese entonces la estructura G-12 ya me resultaba familiar, yo me sentía con libertad para examinar el compromiso de MCI con el ayuno y la oración, la alta prioridad de la visión y las metas, y el papel tan importante que César Castellanos ha tenido durante todos estos años. Científicamente, es imposible decir que MCI esté creciendo debido a la estructura G-12. Hay muchas otras dinámicas que están funcionando.

¿Si la oración no es importante en su iglesia, por ejemplo, puede esperar usted los mismos resultados? ¿Si su iglesia no valora la sumisión a la autoridad, puede esperar usted que todos los líderes discipulen a otros doce que a su vez discipularán a doce más? El ministerio celular, junto con una estructura dinámica para el cuidado de los líderes reforzará a la iglesia, pero hay otras dinámicas que también deben estar presentes para que haya un crecimiento rápido. Los que deseen aplicar este modelo deben poseer un gran respeto primero por el trabajo del Espíritu de Dios, y deben estar dispuestos a seguirle a Él en lugar de a una mera estructura.

MCI no se aferra firmemente a los métodos, ya que está siguiendo la guía del Espíritu de Dios y creando sus estructuras mientras avanzan. Escuche a Castellanos:

> Algunos pastores tienen la mentalidad de hace un siglo. Quieren hacer el trabajo como Finney o Spurgeon. Pero quiero que sepa que el actor en el escenario de la vida hoy es usted. Dios tiene una nueva unción fresca para usted. Él quiere liberar esta unción para usted. Sacrifique ese método.[3]

MCI está siempre avanzando; no es un blanco estático. La iglesia está dispuesta a cambiar para estar siempre actualizada y para desarrollar el experimento de su iglesia celular. Cada vez que visité MCI, noté grandes cambios.[4] Francisco González, uno de los doce discípulos de Castellanos, dice: «El secreto detrás de nuestro crecimiento no es los grupos celulares ni el modelo G-12 –ni cualquier otro método. Dios no unge métodos–. El secreto de nuestro éxito es la manifestación del Espíritu de Dios en nuestra iglesia».[5]

Valores prioritarios

Cada iglesia da prioridad a ciertas verdades espirituales por encima de otras. MCI no es ninguna excepción. Ellos practican lo que valoran. Los siguientes valores vienen de las prioridades de MCI. Estos valores proceden de los líderes superiores y son practicados por todos.

ESPIRITUALIDAD APASIONADA

La espiritualidad es un estilo de vida en MCI. Es un valor prioritario que usted puede ver y sentir. Castellanos y todo su equipo de líderes viven en el reino de guerra espiritual y la guía divina. Pero la espiritualidad es un término muy amplio. El diccionario lo define simplemente como el «estado, calidad, manera, o hecho de ser espiritual».[6] ¿Qué significa exactamente la «espiritualidad»? En MCI la espiritualidad se ve por lo menos en tres áreas:

1. **La Oración.** La oración se conecta con los recursos de Dios. En MCI siempre hay alguien orando las veinticuatro horas del día. MCI reconoce que sólo la oración poderosa quebrantará el poder de Satanás sobre Colombia. A través de la oración, MCI cree que triunfará sobre los espíritus malos que controlan el tráfico de drogas, la guerrilla y la corrupción en el gobierno.

   Todas las mañanas desde las 5 hasta las 9, hay personas orando en la iglesia. Hay un pastor o líder diferente que está a cargo de cada hora. Entre 500 y 1000 personas están presentes en las cuatro sesiones de la mañana. Todos los viernes a la noche la iglesia celebra una reunión de oración que dura toda la noche. En ocasiones especiales (cuando las condiciones en el país empeoran debido al tráfico de drogas y a la guerrilla), la iglesia dedica las veinticuatro horas, sin interrupción, para orar por el país.[7] Castellanos dice: «Satanás ha engañado a muchos pastores haciendo que estén tan ocupados que no tienen tiempo para la oración».[8]

   Los cristianos colombianos tratan la guerra espiritual muy en serio. Identificar a los espíritus malignos y orar contra los poderes de oscuridad es una práctica continua. En cierta oportunidad los jóvenes enfocaron su oración en una discoteca de luz roja en la ladera de una colina cerca de la iglesia.

Los jóvenes oraron contra los demonios de promiscuidad y le pidieron a Dios una señal de que habían logrado una apertura espiritual. ¡Al día siguiente la discoteca principal en la ladera se incendió totalmente!

César Castellanos cree que ganar a las personas para Cristo involucra andar en el camino de lo milagroso en forma constante. Él dice: «Para ganar almas, usted tiene que entrar en guerra espiritual».[9] Freddy Rodríguez dice: «Usted no puede evangelizar a menos que haya entrado en guerra espiritual. Hay seres espirituales que gobiernan el mundo. Hay que tomar autoridad sobre estos espíritus».[10]

2. **El Ayuno.** El ayuno y la oración completan el trabajo en MCI. El Pastor Castellanos requiere que todos sus líderes se comprometan en la oración y el ayuno.[11] En la antigüedad la iglesia ayunaba continuamente durante tres días. Dios limpió el lugar y les dio un avivamiento. En octubre de 1997, la red de los hombres oró y ayunó por 85 días.[12] Toda la iglesia hace esto por lo menos una vez por año. Las personas que visitan la iglesia pueden literalmente sentir el Espíritu de Dios y el avivamiento.

3. **La Santidad**. La santidad es otra llave al éxito de MCI. Muchos ministerios han caído en el orgullo espiritual. El éxito es más duro para manejar que el fracaso, y de verdad, MCI tiene mucho éxito. Sería fácil tener conferencias pródigas para alardear sobre el modelo G-12. Sin embargo, MCI constantemente promueve la santidad; nada menos que eso sirve.

Todos los fines de semana hay numerosos retiros de tres días con el propósito de promover la santidad. MCI no está satisfecha con las «decisiones» que resultan en una vida cristiana superficial. El llamado a la santidad los ha movido para tratar con la esclavitud demoníaca que ata a los nuevos creyentes. MCI comprende que su éxito está íntimamente ligado a una vida pura y justa delante de Dios.

En MCI han aprendido a pagar el precio por su autoridad cristiana, aunque sea costoso. Los jóvenes no asisten a los cines, ni van a las discotecas. Un miembro de MCI que sirvió como intérprete inglés para un grupo se puso bastante disgustado cuando el grupo continuó mirando murales en la pared que tenían imágenes de dioses incas. Los que están en MCI no juegan con el pecado. Ellos tratan con el pecado, lo juzgan.

Autoridad y sumisión

El Pastor Castellanos que es considerado un apóstol, es el fundador y el líder incuestionable. Los que están bajo el Pastor Castellanos obedecen de buena gana y lo siguen. Esos mismos discípulos bajo el Pastor Castellanos también esperan sumisión y obediencia de sus discípulos. Este valor de sumisión sigue descendiendo en la escala hasta llegar al creyente nuevo. La sumisión a la autoridad hace que el modelo G-12 funcione sin problemas.

Por ejemplo, en varias oportunidades he pedido las más recientes estadísticas de las células de aquellos que tenían una alta posición en MCI. «Lo lamento, no tengo autorización para darle esas estadísticas. Tendré que preguntarle a César Castellanos.» Al principio me ofendí. «¿Por qué hacer tanto problema por un simple pedido?», pensaba yo. Sin embargo, pensando más profundamente sobre el asunto, vine a darme cuenta de que la sumisión a la autoridad superior es un elemento que corre a través de todo el sistema.[13]

Éste es un valor importante para recordar cuando usted piense realizar la transición al modelo G-12. La sumisión es un valor que no es fácil copiar, sin embargo hace que el modelo G-12 funcione. Yo me someto al líder que está sobre mí, y espero la sumisión de los que están bajo mi cuidado.

Compromiso con el tiempo

Uno de los manuales de entrenamiento de MCI dice lo siguiente: «A menudo, mientras otros están durmiendo, el líder continúa trabajando, intentando encontrar soluciones para los problemas del grupo».[14] Uno de los secretos del éxito de MCI es el alto compromiso del tiempo de parte de los líderes. Los de MCI se han entregado por completo a la obra del Señor, y su compromiso en cuanto al uso de su tiempo refleja ese hecho. El modelo G-12, así como se practica en MCI, es intensivo con respecto al tiempo invertido.

La mayoría de los líderes de las células asisten por lo menos a tres reuniones relacionadas con las células por semana además de las reuniones semanales de la congregación y la celebración. Los líderes celulares tienen a menudo cinco reuniones relacionadas con las células por semana. De hecho, yo asistí a una reunión en el que se exhortaba a los líderes celulares a dirigir tres grupos.[15] El compromiso del tiempo del líder de la juventud que citamos a continuación ilustra cómo las personas de MCI se sienten con respecto a su llamado al ministerio:

> Me encontré con una estudiante de 18 años que tenía 380 células de jóvenes a su cargo. Todas las semanas ella asistía a una célula para líderes que era un Grupo de doce, además de dirigir sus propias células de líderes y de evangelización. Ella practicaba tres días por semana como danzante del equipo de adoración juvenil, ministraba los sábados de noche en el culto juvenil y enseñaba en la Escuela de Líderes los domingos por la mañana.[16]

La frase «una colmena de actividad» es lo que describe mejor la acción constante en MCI. La «Iglesia» nunca se detiene, desde las reuniones de oración muy temprano a las 5 de la mañana, hasta los servicios por la noche. Cuando visité MCI por primera vez en 1996, me alojé en el apartamento dentro del santuario principal (un cuarto para sonido convertido). Me despertaba a las 5 todas las mañanas al sonido de la música para la adoración. Me acostaba con alabanza y predicación todas las noches. Siempre había alguien ocupado en la iglesia durante todo el día. Raramente había un momento cuando uno de los pastores o personas laicas no estaba predicando la Palabra de Dios, adorando u orando.[17]

Firmeza en la cultura de la iglesia

En MCI usted acepta plenamente la visión, o no lo hace; usted, o está dentro, o está fuera. El «funcionamiento interno» de la filosofía de G-12 es reservado para los que están comprometidos con ella.

Yo descubrí que MCI era muy parecido a las compañías exitosas que C. Collins & Jerry I. Porras analizó en su excelente libro *«Built to Last: Successful Habits of Visionary Companies»* (Construido para Durar: Hábitos Exitosos de las Compañías Con Visión). Collins y Porras estudiaron compañías muy exitosas a lo largo del tiempo y luego las compararon con otras compañías del ramo que no llegaron a un resultado semejante.

Entre otras características, los autores descubrieron que la promoción en las compañías exitosas estaba reservada para los que «conforman» y aceptan totalmente la cultura de la compañía. Las compañías exitosas, visionarias, estaban totalmente comprometidas con su filosofía. Los autores dicen:

> ... las compañías con visión tienen tal claridad sobre quiénes son, cuál es su propósito, y lo que intentan lograr, que tienden a no tener mucho lugar para las personas desganadas o que no se adaptan a sus normas y exigencias. Las compañías visionarias exigen más de sus empleados y esperan que se adapten a la línea de la compañía.[18]

En las compañías exitosas, los empleados pasan muchísimo tiempo con otros empleados de la misma compañía y empiezan a empaparse de la «cultura de la compañía». Los autores escriben: «Los empleados nuevos ... inmediatamente encuentran que casi todo su tiempo está ocupado, ya sea trabajando o haciendo sociabilidad con otros miembros de «la familia», de quienes aprenden más sobre los valores y prácticas».[19]

MCI encaja en la descripción de estas compañías exitosas. Los que ascienden a las posiciones más altas de liderazgo creen tan fuertemente en la filosofía de la iglesia que están dispuestos a comprometer cantidades grandes de tiempo para promover la visión de la iglesia. Ellos demuestran una sumisión completa a la autoridad y tratan de evitar toda crítica y actitudes negativas. La cultura firme de los miembros de MCI y su dedicación para mantener los valores compartidos por todos ayudan a explicar el éxito en MCI.

Los milagros y el poder de Dios

MCI vive en el mundo de los milagros y de lo sobrenatural. Pregunta el Pastor Castellanos: «¿Quiere usted que las muchedumbres vengan a su iglesia? Haga los milagros de Jesús».[20] Castellanos cree que el modelo G-12 «... tiene una tremenda unción para los milagros».[21] Cristo demostró su poder y sanidad debido a Su compasión por la multitud. Castellanos dice: «El modelo de los doce nació por la compasión de Jesús cuando vio la desorientación de la gente».[22]

MCI permanentemente realiza cultos de milagros. El Pastor Castellanos cuenta acerca de un culto de milagros donde había diez paralíticos en sillas de ruedas en la primera fila. Él sentía una tremenda compasión por ellos y bajó de la plataforma para orar por ellos pensando: «Señor, si nada pasa, por lo menos yo lo he intentado». Le pidió a cada uno de ellos que compartiera sus necesidades. Cuando el tercero comenzó a explicar su enfermedad, César sintió que tenía fe para ser sanado. ¡Mientras César estaba orando (con sus ojos todavía cerrados), este hombre estaba delante de la muchedumbre puesto de pie! César dijo: «Traiga su silla aquí delante. Esta silla lo ha empujado durante mucho tiempo, y ahora usted empujará la silla».[23]

VISIÓN

La congregación de Castellanos sabe que él pasa muchísimo tiempo en oración y comunión con el Espíritu Santo. Durante ese tiempo, él recibe la visión mundial para su iglesia. Como los apóstoles de la antigüedad, Castellanos ha tenido mucho éxito transmitiendo su visión a los líderes principales. Varios líderes suyos atribuyen su propio éxito a la visión e inspiración de su pastor.

El Pastor Castellanos ha transmitido la importancia de las visiones y de los sueños a su discípulo, César Fajardo. El Pastor Fajardo enseña: «La visión debe tomar posesión de su vida y usted debe poder transmitir esa visión. A veces la visión que usted tiene le parecerá extraña a otros».[24]

Fajardo ha aprendido esta verdad por su propia experiencia. Cuando empezó el ministerio juvenil en MCI en 1987, sólo había treinta jóvenes. Él empezó a soñar con alcanzar la juventud perdida de Bogotá. Cuando predicaba, se imaginaba que el lugar estaba lleno. Él declaró abiertamente a su grupo pequeño: «Llegará un momento cuando los jóvenes tendrán que formar fila para entrar en esta iglesia». En 1987, Fajardo tomó una fotografía del estadio interior cercano, lleno de gente. Entonces colgó esa fotografía en la pared de su cuarto y empezó a soñar y creer que Dios lo llenaría de jóvenes.[25]

Hoy día, 18.000 personas jóvenes hacen fila para reunirse los sábados por la noche en ese mismo estadio interior. Alrededor de 8.000 grupos celulares juveniles cuidan estas multitudes. Aproximadamente 500 jóvenes reciben a Cristo en cada culto de los sábados. La visión de la juventud es contagiosa. Estos pastores visitantes lo recibieron:

> La atmósfera estaba eléctrica con el Espíritu Santo –ver a estos jóvenes adorando con tanto fervor y orando con tanta intensidad era una experiencia profundamente conmovedora, y me hallé llorando durante todo el culto–. Esta reunión es una gran máquina cosechadora según descubrimos en todos sus cultos. La predicación era fuerte y directa –el Pastor de la Juventud, César Fajardo, habló de tirar abajo las mentiras del diablo–. Al final de su ministerio de cuatrocientos a seiscientos jóvenes respondieron para la salvación. Los convertidos fueron escoltados entonces (guiados por un hombre que llevaba una bandera) a otro salón a través de las calles alineadas con personas que estaban esperando para asistir a la siguiente reunión, y los aplaudían. Una vez que llegaban al salón, se les predicaba, se registraban y se hacía un seguimiento.[26]

El Pastor Fajardo pasa su visión a sus doce discípulos; esos discípulos tienen doce más y el proceso continúa hasta llegar a los jóvenes nuevos que van entrando todas las semanas. La visión corre profundamente en MCI. Es contagiosa. Los superestrellas espirituales se desarrollan fácilmente en esta atmósfera, pero la visión empieza en la cima.

Estableciendo las metas

Los que están en MCI toman sus metas muy en serio. El Pastor Castellanos pide a cada uno de los líderes de las células que tracen metas para la multiplicación de sus células. Cada tres meses los líderes en MCI repasan sus metas, y en ese momento los líderes confirman tanto sus metas a corto plazo como también sus metas a largo plazo.[27] Cada célula debe multiplicar por lo menos una vez por año, pero los líderes celulares son estimulados a multiplicar sus grupos celulares cada seis meses.[28] Cada célula debe evangelizar, debe ganar a otros, y luego multiplicar.

César Castellanos dice: «Todos debemos proyectar nuestro futuro y esa proyección se hace a través de metas definidas. Lo que hemos crecido hasta ahora ha sido en todo momento apuntando a un blanco específico».[29] Y sigue diciendo: «Desde el principio de MCI, el Señor me reveló la importancia de definir metas y desde entonces, siempre me concentré en las metas».[30] Él dice:

> ¡Tener metas definidas es como ponerle rieles a nuestra fe, armar un camino, no para ayudarle a Dios, sino para ayudarnos a nosotros mismos. A través de las metas evaluamos nuestro trabajo, pues de toda labor debe quedar fruto. La iglesia debe tener metas específicas y todo cuanto se haga debe ayudar al logro del crecimiento de la congregación. Al percibir el significado de esto, abandonamos la costumbre tradicional de muchos cultos sin justificación concreta y acordamos tener un solo servicio y luego células en el resto de la semana. Cuando la iglesia fue creciendo, implementamos otros cultos, pero especializados, también apuntando hacia la meta global.[31]

EL CRECIMIENTO DE LA IGLESIA

Incluso antes de llevar a cabo el modelo G-12, la Misión Carismática Internacional se comprometió a alcanzar a Bogotá con el evangelio de Jesucristo. El crecimiento de la iglesia es muy valorado y estimado en MCI. El Pastor Castellanos dice: «Algunas personas hablan diciendo que quieren calidad y no cantidad. Pero Dios se preocupa por ambas –calidad y cantidad–. La iglesia que no crece es como el agua estancada. La iglesia que no crece empieza a volcar todo hacia adentro y siembra toda clase de maldad».[32] Y sigue diciendo:

> Una iglesia no debe comenzar en enero con un cierto número y tener el mismo número a fines de diciembre... esto es un reflejo de que la iglesia no está cumpliendo la gran comisión. Esta carencia de frutos ocurre por lo general en las iglesias que están cargadas con programas que absorben su energía pero no producen resultados de la evangelización...[33]

Como MCI evangeliza en todas las oportunidades que puede, hay un flujo constante de personas nuevas. La meta de ganar personas nuevas para Jesucristo nunca se detiene. Los cultos del domingo por la mañana, por ejemplo, tienen el objetivo de alcanzar a los que están buscando a Dios. Castellanos hace todo lo posible para hacerlos agradables a los que no son creyentes. Todos los domingos, hay centenares que reciben a Jesucristo y se integran rápidamente al sistema celular. La mayor prioridad para MCI es ganar personas para Jesucristo.

Los ministerios mayores (hombres, mujeres, guerra espiritual, jóvenes, etc.) se reúnen en un marco congregacional en los días entre semana con el propósito de la edificación *y también* la evangelización. Siempre hay una invitación para recibir a Cristo y los creyentes nuevos son integrados inmediatamente en un grupo celular desde ese ministerio particular.

El método principal del crecimiento de la iglesia en MCI es la evangelización a través de la multiplicación de los grupos celulares. Todas las células en MCI son evangelísticas, y MCI cree que la «porción del león» de la evangelización exitosa ocurre en los grupos celulares.

CREATIVIDAD

MCI cree en la adaptación de su metodología para recoger la cosecha más eficazmente. Ellos son pragmáticos. Están dispuestos a probar y experimentar con el propósito de salvar y discipular más almas para la gloria de Cristo. Porque el sistema celular anterior no estaba produciendo los resultados deseados, crearon el sistema G-12.

Aun después de desarrollar la estrategia G-12, MCI continúa adaptando sus métodos. Esta actitud se parece a la vida y ministerio de Juan Wesley. Richard Wilke escribe:

> Juan Wesley cambió sus estructuras y métodos, casi contra su voluntad, para salvar las almas. Él no quería usar a las mujeres, pero lo hizo en circunstancias excepcionales. Lo «excepcional» se volvió normal. Él no quería usar a los pastores laicos, pero lo hizo. Así pudieron alcanzar a los incrédulos. Él no quería predicar al aire libre, pero lo hizo para que muchos más pudieran oír la Palabra de Dios.[34]

Dios desea darle este mismo tipo de creatividad por causa de la cosecha.

LA IMPORTANCIA DE LA PAREJA

MCI cree fuertemente en el ministerio de las parejas. Castellanos dice:

Algunos pastores no involucran a sus esposas en el ministerio. Ellos piensan que el lugar de la esposa sólo es cuidar a los niños. Quiero decirle que si su esposa no está involucrada en el ministerio, usted siempre tendrá un ministerio cojo. Dios llama a un hombre y a su esposa. La vocación de Dios está en la pareja. Los maridos deben involucrar a sus esposas en el ministerio.[35]

Claudia Castellanos está de pie al lado de su marido, orando y también hablando.[36] Claudia ha modelado el liderazgo visionario e incluso formó parte del senado colombiano en 1989 y ha considerado postularse para la presidencia de Colombia. Casi la mitad del personal de MCI es femenina.[37] Si un hombre casado se siente llamado al ministerio en MCI, debe estar listo para ministrar con su esposa.

Éste es un cambio refrescante y poderoso en el ministerio latinoamericano que por mucho tiempo ha estado dominado por el hombre «machista» o el pastor «caudillo». Sólo Dios sabe cuánto este factor ha afectado el crecimiento en MCI, pero es un desarrollo muy positivo en el ministerio latinoamericano.

La visión de la iglesia celular

Al estudiar el modelo G-12 en MCI, es importante recordar el compromiso previo al ministerio de la iglesia celular. Después que la filosofía de la iglesia celular estaba firmemente arraigada en la iglesia, MCI ajustó su estrategia de iglesia celular para una cosecha mayor.

Durante los primeros años de la iglesia, los grupos pequeños eran importantes, pero no eran el corazón de la iglesia. Se podría decir que en ese tiempo, MCI era una «iglesia con células». Luego MCI se reorganizó totalmente alrededor de los grupos celulares en 1986.

Después de implementar la estrategia G-12 en 1991, MCI sigue siendo una iglesia celular. Las personas en MCI entienden la filosofía de la iglesia celular y abiertamente la promueven. César dice: «El éxito del crecimiento de la iglesia pertenece al modelo de la iglesia celular. No conozco ningún modelo más poderoso que éste».[38] Claudia Castellanos dijo: «Aquellas iglesias que no desarrollen iglesias celulares se quedarán atrás».[39] Claudia describe la iglesia tradicional como los antiguos misioneros que tardaban cinco meses viajando en barco para llegar a su continente. Ella dice: «La iglesia celular nos ayuda a entrar en la era del jet ...»[40] El Pastor César dice:

> Conocemos de cientos de iglesias que se han concentrado en un sinnúmero de programas que en nada contribuyen al crecimiento y al objetivo de multiplicación que Dios demanda. Por años estuvimos en el mismo problema hasta que nos dimos cuenta de que el único programa viable que ayudaba a alcanzar el propósito era las células y decidimos que todo girara en torno a las mismas. No hay otro programa que logre atraer nuestra atención, porque tenemos la mira en el Siglo XXI.[41]

Algunos confunden el sistema G-12 con un sistema que compite con la estructura del grupo celular. Éste no es el caso. Castellanos sostiene que sólo la estructura celular logrará cosechar la mies de miles y miles de almas y convertir los espectadores de la iglesia en miembros activos. La iglesia celular, razona el Pastor Castellanos, es el único medio eficaz para movilizar la iglesia entera para ganar almas. Él dice: «... en una iglesia celular la labor del pastor se centra en predicar y motivar a las ovejas para que se multipliquen».[42] El ministerio de la evangelización y el discipulado es compartido con toda la iglesia a través de los grupos celulares.

MCI casi se desvió de la visión de la iglesia celular. Ellos se relacionaron con un hombre que poseía una visión apostólica para plantar iglesias. Castellanos adoptó prematuramente la visión de este hombre como suya y quería empezar a abrir iglesias nuevas. MCI empezó a entrenar a 200 pastores para plantar nuevas iglesias.[43]

En ese tiempo, César y Claudia Castellanos asistieron a un seminario para plantación de iglesias en la Iglesia del Pleno Evangelio Yoido. Cuando el Pastor César estaba escuchando al predicador, el Espíritu de Dios le dijo: «Todo lo que ellos están diciendo es justo lo que no debes hacer».[44] En ese mismo tiempo, su esposa Claudia, estaba participando en un taller de evangelización explosivo y el Espíritu de Dios le dio el mismo mensaje.

Esta decisión fue confirmada mientras escuchaban a Cho el domingo por la mañana. Debido a la multitud, algunos fueron obligados a permanecer de pie. El Señor habló a Castellanos diciendo: «¡Yo te he dado una visión, igual que a David Cho, para el crecimiento de una enorme iglesia basada en grupos celulares, y tú estás intentando introducir una nueva visión dentro de la iglesia!»[45] Dios le mostró claramente al Pastor César que Él no quería que plantara docenas y docenas de iglesias pequeñas. Más bien, Dios les había dado una visión para empezar una iglesia celular grande que cubriría toda la ciudad.

Tuvieron que volver a MCI y humillarse ante los 200 pastores que plantaban iglesias, admitiendo que ellos se habían equivocado en su juicio. Castellanos les pidió perdón. Pero Dios bendijo su obediencia ya que esto marcó el período cuando la iglesia escaló de 1.400 a 4.000 células y luego en 1996 a 10.000 células.

Plantar nuevas iglesias no es malo. La plantación de iglesias, de hecho, es la manera más eficaz para cumplir la gran comisión. MCI continúa plantando iglesias en todo el mundo hoy día.

Sin embargo el énfasis en la plantación de iglesias estaba alejando a MCI del establecimiento de una iglesia celular fuerte que incluiría toda la ciudad de Bogotá.

Ahora Castellanos les dice a su pueblo: «La visión de la iglesia celular es excitante. No se desvíe de él. Una iglesia celular debe tener una visión. No intente tomar un poco de cada iglesia. Ame la visión de la iglesia celular. Ame los grupos celulares».[46]

¿ES UN NUEVO MODELO LA SOLUCIÓN?

No piense que un nuevo modelo curará su iglesia. Usted también debe adoptar los valores de MCI que incluyen sumisión, compromiso de tiempo y una dedicación total a la santidad y espiritualidad. MCI habla mucho más sobre el poder espiritual, victorias espirituales, la liberación espiritual y relativamente poco sobre el modelo. Los visitantes se enamoran del modelo. Usted nunca conseguirá los mismos resultados como en Bogotá por el simple hecho de copiar un modelo sin tomar en cuenta los valores de la iglesia.

Dios les ha dado intrepidez en MCI para hacer los ajustes y cambios. Ésta es una lección para todos los que están entrando en el ministerio G-12. Pídale a Dios el poder de la creatividad. Haga ajustes según sus necesidades y no se encierre en un sistema. En cuanto usted se encuentre haciendo la pregunta: «¿Qué haría la iglesia tal-y-tal?», ya sabe que necesita pasar más tiempo ante Dios, pidiéndole sabiduría para resolver su situación.

CAPÍTULO 3

EL CORAZÓN DE LA IGLESIA

Son las 16:15 horas y la reunión empezaba. Margarita ha estado asistiendo durante cuatro semanas y ha aprendido que las personas no están demasiado preocupadas por empezar en hora. Estas personas han llegado a ser ya como la familia. Ella ama estas reuniones de una hora. Encajan muy bien en su horario e incluso consigue comer con sus nuevas amistades cuando la reunión ha terminado.

María, la líder de la célula, empieza con oración. A continuación vienen las canciones. Como una creyente nueva, Margarita aprecia la música y la ayuda de las hojas con las canciones.

La lección empieza después de veinte minutos, y Margarita reconoce muchos de los conceptos porque el Pastor Castellanos predicó sobre ese pasaje el domingo anterior. Ella no se siente amenazada en el grupo porque todos son estimulados a participar. «¿Cómo puedo estar segura que Jesús me perdona?», pregunta. María amorosamente señala a 1ª Juan 1:9 que dice: «Si confesamos nuestros pecados, él es fiel y justo para perdonar nuestros pecados y limpiarnos de toda maldad».

A continuación le sigue el tiempo de oración y Margarita tiene la oportunidad de pedir oración por su segundo hijo que está esforzándose en la escuela. Finalmente, se recoge una ofrenda y María, junto con Juana, la que colabora con ella en el liderazgo, cuentan la ofrenda delante del resto del grupo. El dinero se pone dentro de un sobre amarillo para ser entregado al tesorero de la iglesia el domingo por la mañana. Finalmente, María concluye la reunión con una oración breve.

Un grupo celular típico

Si usted asiste a un grupo celular en MCI, su experiencia sería parecida a la de Margarita.[1] La mayoría de las células en MCI tienen entre 6-9 personas e incluyen: oración, adoración, la lección y la ofrenda. Aquí está el programa:

1. Actividad preliminar (cinco minutos)
2. Introducción (diez minutos)
3. La lección celular basada en el sermón del domingo de mañana (treinta minutos)
4. Aplicación (cinco minutos)
5. Actividad final (cinco minutos)
6. Ofrenda y datos para el informe (cinco minutos)

Las células se dividen según su homogeneidad. Aunque las células están ahora abiertas a los grupos mixtos (hombres, mujeres, niños), la mayoría de las células se agrupan en una de las siguientes categorías: todos varones, todas mujeres, parejas, jóvenes profesionales, jóvenes, adolescentes, o niños.

La evangelización:el enfoque celular

El Pastor Castellanos insiste en que todos los grupos celulares deben ser evangelísticos. Él recuerda un tiempo cuando los que están en MCI encontraban a los miembros para sus células dentro de la iglesia. Ya no. Ahora salen de la iglesia para encontrar a las personas. Castellanos exhorta a sus líderes celulares que asuman responsabilidades a favor de sus barrios.

Ellos usan dos métodos dominantes para evangelizar en la célula. Primero, las células ponen una silla vacía en el medio, y el grupo ora para que una persona nueva la llene. Segundo, las células practican el principio llamado «la oración de tres». Cada miembro celular empieza orando por tres amigos que no son creyentes. A medida que Dios contesta la oración, estas personas se integran a la célula. La evangelización, por consiguiente, no depende del líder de la célula. Su trabajo, más bien, es el de movilizar a cada miembro para evangelizar, que comienza con la oración. Castellanos dice: «Si el líder del grupo celular hace todo el trabajo, el grupo no crecerá».[2]

EL PAPEL DE LÍDER CELULAR

En MCI el líder celular es considerado el pastor de la célula. Castellanos exhorta abiertamente a sus líderes celulares a que recuerden que ellos son pastores. El líder debe visitar a cada persona en el grupo celular y debe llegar a conocer los detalles personales de su vida. Por esta razón, todos los líderes en MCI reciben instrucción sobre la importancia de la visitación y cómo hacerla.[3]

LA PRESENCIA DE DIOS EN LA CÉLULA

Como la mayoría de las iglesias celulares en el mundo, MCI enfatiza la similitud en su visión celular. Todas las células seguirán el mismo tema que está basado en el sermón del domingo de mañana.[4] El mensaje del domingo de mañana se transcribe y entonces se distribuye entre los líderes de las células.[5] La Palabra de Dios, entonces, cobra una importancia central en la célula. Castellanos exhorta a sus líderes celulares a no desviarse de la Palabra de Dios y más específicamente, del pasaje de las Escrituras de donde se predicó el domingo. La profecía no está permitida dentro del grupo. MCI quiere evitar las divisiones de algunos grupos y las herejías a toda costa.

Las células en MCI son células espirituales. La meta del grupo celular es obtener la presencia de Dios. He oído algunos mensajes en MCI, relacionando el grupo celular casero figuradamente con el lugar donde descansó el Arca del Pacto. Así como el templo del Antigo Testamento alojó el Arca del Pacto, el Espíritu de Dios mora en el grupo celular casero.[6] La oración ferviente es el medio principal para mantener la presencia de Dios en el grupo celular.

MCI enseña que un grupo celular debe reunirse semanalmente y no cada quince días o una vez por mes. Castellanos dice: «Una reunión de la célula por mes trae un mínimo de vida. Se deben reunir una vez por semana».[7] MCI no estimula a las células para rotar de casa en casa. Ellos creen que una célula debe tener sólo un lugar para reunirse, para que todos sepan adónde ir.[8]

MÁS QUE UN GRUPO

Hay una gran diferencia entre el número de grupos celulares y el número de líderes celulares en MCI, ya que es bastante normal para un líder celular conducir más de un grupo. La meta, por supuesto, es de levantar líderes para hacerse cargo del grupo, pero en el proceso no es raro para un líder dirigir dos o más grupos pequeños. Los líderes con mucho celo tienen suficiente espacio en MCI para servir.

Yo hablé con Ricardo, un líder celular de jóvenes que en ese momento estaba dirigiendo cuatro grupos celulares, y servía como «entrenador» para otros cinco. Mientras edificaba a sus doce discípulos, Ricardo tenía que dirigir la mayoría de los grupos. Sin embargo, eventualmente él buscó de delegar el liderazgo de esas células a otros.[9] Conscientes de los peligros del «agotamiento» los jóvenes decidieron limitar a cada líder celular para que no tenga que dirigir más de dos grupos celulares.[10]

CADA MIEMBRO UN LÍDER

Margarita continuó creciendo espiritualmente mientras asistía a su grupo celular semanal. Ella simplemente habría estado satisfecha asistiendo a su célula durante años, pero pronto aprendió de María, su líder celular, que todos en MCI tienen que empezar la jornada de capacitación con la meta de llegar a ser un líder celular. Ella empezó a oír hablar de los grupos de doce y cómo María esperaba desarrollarla en una de sus doce discípulos. Ella se dio cuenta de que no era suficiente sólo asistir al grupo celular. También necesitaba llegar a ser un discípulo de Jesucristo, que significa seguir a Jesús y guiar a otros a hacer lo mismo.

CAPÍTULO 4

EL SISTEMA G-12

Mario recibió a Jesucristo hace seis años en MCI. Jesús cambió su vida radicalmente, y le dio un gran deseo de ganar a otros y empezó a compartir las buenas noticias de Jesucristo con sus compañeros. Juan, el amigo de Mario de la escuela primaria, respondió al mensaje del evangelio y empezó a asistir al grupo celular de Mario. Mientras Juan asistía al grupo celular de Mario y crecía en su relación con Jesucristo, oyó hablar de la necesidad de recibir más entrenamiento. Juan asistió a un retiro espiritual, tomó clases de orientación bíblica, y con el tiempo empezó su propio grupo celular. A lo largo de todo este proceso, Juan continuó asistiendo al grupo celular de Mario. Cuando Juan empezó su propio grupo celular, oficialmente llegó a ser uno de los doce discípulos de Mario, consolidando aún más su relación. Ahora Juan está buscando sus propios discípulos.

MAPA ORGÁNICO DE LOS G-12

Un grupo G-12 no es un grupo celular. En cambio es el lugar donde los líderes celulares son guiados, nutridos y apoyados. Cada líder tiene una meta de desarrollar su propio grupo G-12, al igual que Mario. Todos los líderes, por consiguiente, son miembros de un grupo G-12 y también quieren conducir su propio grupo. La estructura de MCI se parece a lo siguiente:

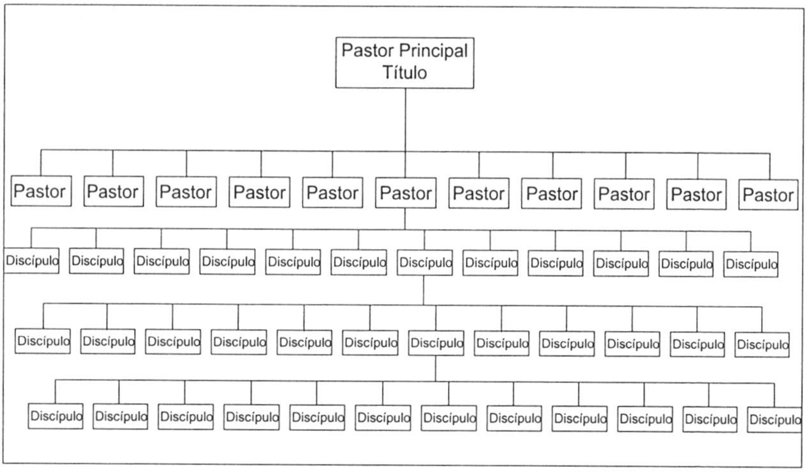

Tres reuniones

Juan se reúne el *lunes* en la casa de Mario, su líder G-12. Él disfruta de estas reuniones porque tiene un contacto semanal y personal con Mario, y una oportunidad para compartir sobre su grupo celular y su progreso relacionado con la búsqueda y encuentro de sus propios doce discípulos. Juan también recibe ministerio espiritual y oración de Mario y a menudo una exhortación de la Palabra de Dios. Otros once discípulos de Mario también están presentes el lunes por la noche.

El *martes* de noche Juan conduce su propio grupo celular abierto. Como todos los líderes celulares, Juan sigue la lección celular semanal que está basada en el sermón del domingo de mañana. Juan anhela ver más personas que no son cristianas todavía en su grupo celular casero, e intenta invitar a tantas personas como sea posible.

Luego el *jueves* por la noche, Juan conduce su propio grupo G-12. Sólo tres personas asisten a su reunión G-12 del jueves por la noche porque en este momento él sólo tiene tres de sus doce discípulos. Él espera encontrar los otros nueve muy pronto.

Sus tres discípulos han venido de su propio grupo celular. Tim, por ejemplo, primero empezó asistiendo los martes de noche al grupo celular de Juan hace nueve meses. Juan oró con Tim para recibir a Cristo e inmediatamente Tim empezó el entrenamiento de MCI: un retiro de tres días, tres meses en la escuela de capacitación para el liderazgo, y un segundo retiro de tres días. Cuando Tim empezó a conducir su propio grupo celular, llegó a ser entonces «el discípulo de Juan» y así empezó a reunirse todos los jueves de noche con Juan en el grupo G-12. Ahora Tim está buscando sus propios discípulos, igual que Juan.

El modelo G-12 en MCI requiere que cada líder tenga tres reuniones distintas (los días y los horarios varían):[1]

1. Usted se reúne con el que le está discipulando

2. Usted conduce un grupo celular

3. Usted se reúne con los doce que está discipulando

Más allá de las tres reuniones básicas centrales en MCI, está la reunión congregacional (por ejemplo, jóvenes, mujeres, etc.) y el culto de la celebración el domingo. Muchos tienen cada semana una conferencia cumbre que consiste en la red entera de discípulos (los doce de los doce de los doce, etc., del líder celular original).

Discipulado en categorías homogéneas

Las tres reuniones semanales de Juan están compuestas por varones solamente. Juan se reúne con Mario los lunes por la noche junto con otros once discípulos. Luego el martes por la noche, Juan dirige un grupo celular de hombres. El jueves Juan se reúne con sus tres discípulos masculinos ya que Juan está bajo el departamento homogéneo de los varones.[2]

El Pastor Castellanos tiene doce discípulos masculinos y todos los otros discípulos fluyen de estos doce discípulos. La esposa de Juan, Beatriz, está bajo el grupo homogéneo de las mujeres que fue establecido por Claudia Castellanos. Juan y Beatriz podrían haber escogido ministrar como una pareja bajo el departamento homogéneo llamado «parejas». Si ellos hubieran escogido esta opción, entonces habrían discipulado a las parejas y habrían dirigido un grupo celular abierto diseñado para las parejas.

En MCI los hombres discipulan a los hombres; las mujeres discipulan a las mujeres; las parejas discipulan a las parejas y los jóvenes discipulan a los jóvenes.

Puesto que usted encuentra sus «discípulos» dentro de su grupo celular, éste probablemente reflejará un sabor homogéneo. Estas categorías homogéneas incluyen: hombres, mujeres, parejas, profesionales jóvenes, jóvenes, adolescentes y niños. Si usted conduce una célula casera masculina, probablemente sólo asistan hombres (previamente ésta era la regla en MCI, pero más recientemente es posible tener una célula heterogénea bajo el ministerio de los hombres). Lo mismo se aplica a los grupos de las mujeres. Manteniendo la misma homogeneidad hace que sea más fácil de encontrar los discípulos.

CUANDO UNA PERSONA LLEGA A SER UN DISCÍPULO

Simplemente, ¿qué es un discípulo? La definición más básica de un discípulo en el Nuevo Testamento es alumno o seguidor. Jesús escogió a doce seguidores. En MCI, un discípulo es un líder celular y un líder celular es un discípulo. Si usted quiere ser un discípulo y formar parte de los doce de alguien, usted también debe dirigir un grupo celular.

En cierta oportunidad le pregunté a César Fajardo: «¿Puede usted decir que una persona forma parte de sus doce si la persona no ha abierto todavía un grupo celular?» César Fajardo me escribió contestándome de la siguiente manera: «Está claro que si alguien no está dirigiendo un grupo celular, él o ella no son un líder de algo y los grupos G-12 son grupos de líderes».[3]

Permítame dar énfasis a esta última frase: *los grupos G-12 son grupos de líderes.* MCI es una iglesia celular, así que en MCI un discípulo es un líder celular y un líder celular es un discípulo. Usted podría ser un «discípulo en proceso» mientras está recibiendo el entrenamiento para llegar a ser un líder celular. Usted no es, sin embargo, parte de los «doce» de alguien hasta que realmente esté dirigiendo un grupo celular. César Castellanos dice: «... todos los doce deben estar allí por sus méritos. Ellos tienen que dar a luz nuevas células, y así producen fruto».[4] César Castellanos enseña de esta manera:

> Alguien se escoge un doce cuando ya esté dando fruto [abrió un grupo celular] porque si se hace la selección por simpatía, por amistad, puede ser que ese buen amigo jamás se multiplique y así nunca obtendremos el objetivo. Usted sólo escoge sus doce después que la persona ha llevado fruto. Quien no se reproduce está afectando la posibilidad de conversión de miles de vidas.[5]

El discipulado en MCI no es una actividad estática con un crecimiento hacia adentro. Puesto que un discípulo debe dirigir un grupo celular, el concepto de 12 es un método para multiplicar los grupos más rápidamente. La meta es que cada persona en la iglesia dirija un grupo celular para ser un verdadero discípulo. Si la persona se niega a dirigir un grupo celular, es mejor terminar la relación del discipulado.[6]

MCI tiene sólo dos títulos: discipulador (líder de 12) y discípulo (líder celular). Ellos han eliminado los títulos de la iglesia celular como ser: pastor de distrito, pastor de zona y supervisor de zona o líder de departamento. El sistema G-12 continúa fluyendo a los niveles inferiores y todos discipulan a través de los grupos G-12 y también evangelizan a través de los grupos celulares abiertos.

CUANDO UN LÍDER G-12 DEJA DE DIRIGIR UN GRUPO CELULAR ABIERTO

¿Qué pasa cuando usted ha encontrado a sus doce discípulos? ¿Necesita todavía dirigir un grupo celular abierto? La mayoría de los líderes en MCI continúan dirigiendo una célula abierta hasta que todos sus doce también hayan encontrado sus doce. Tome el ejemplo de Juan y Mario. Mario ya ha encontrado sus doce discípulos y se reúne los lunes por la noche con Juan y once discípulos más. Mario, aunque él ha encontrado sus doce, continúa dirigiendo un grupo celular abierto. ¿Por qué? Porque él sabe que Juan sólo tiene tres discípulos, y Mario desea que Juan encuentre otros nueve.

Así que Mario encauza a los discípulos potenciales de su grupo abierto al grupo de Juan. Mario hace lo mismo por sus otros once discípulos que todavía no han encontrado sus doce.

La meta final de Mario es que cada uno de sus doce discípulos encuentre otros doce discípulos y entonces Mario tendrá 144 discípulos. Cuando Mario haya alcanzado el número 144, dejará de dirigir una célula abierta.[7]

Cuando un líder G-12 alcanza 144, él o ella estará fuertemente involucrado entrenando a los futuros líderes, y así no sería factible continuar dirigiendo un grupo celular abierto. Muchos líderes que han alcanzado este punto (144), están dando su propia enseñanza para el entrenamiento, y así ya no dependen de algún superior para dar el entrenamiento (explicado más en el próximo capítulo).

Todos son líderes y supervisores potenciales

La estructura celular original (a menudo llamado el sistema 5x5) desarrollado por David Yonggi Cho de la Iglesia del Pleno Evangelio Yoido, enseña que la iglesia debe *nombrar* un supervisor para cuidar cada conjunto de cinco grupos celulares. En el sistema celular 5x5, Juan no podría haber supervisado (discipulado) los nuevos líderes celulares hasta que le pidieran que fuera el supervisor por un líder de un nivel superior (por ejemplo, un pastor de zona). El título «supervisor» es una posición dada por nombramiento.

En contraste, el modelo G-12 espera que Juan, al igual que todos los demás, lleguen a ser supervisores (aunque MCI los llama discipuladores). En MCI, no es suficiente que Juan simplemente dirija un grupo celular. Él debe, más bien, levantar nuevos líderes celulares de su grupo y luego supervisarlos a través de su propio grupo G-12.

En este sistema, cada persona es un líder potencial y cada líder es un supervisor potencial. Todos, desde el pastor principal hasta el obrero de la cocina, tienen el cometido de encontrar 12 discípulos, principalmente de entre los creyentes nuevos.

Es asombroso cuántas personas comunes en MCI están de hecho supervisando a otros. Willie que nos llevó en su automóvil, tenía 45 grupos celulares bajo su cuidado. Él esperaba estar dirigiendo 250 células después de un año. También hablamos con una joven que era limpiadora que supervisaba cuatro grupos celulares. La telefonista de MCI tenía 80 grupos celulares bajo su cuidado. Otro guardia de seguridad ya había formado su grupo G-12 y ahora estaba buscando formar su grupo de 144. Castellanos dice:

Incluso tenemos personas muy humildes que están manejando un gran número de células. Hasta las limpiadoras tienen sus grupos celulares. Todos tienen sus células. Algunos tienen dos, otros siete, otros cincuenta, otros muchos, muchos más. Para llegar a servir como un ministro de medio tiempo en nuestra iglesia, una persona debe tener 250 células. Para servir a tiempo completo en la iglesia, una persona debe tener 500.[8]

TODOS RECIBEN UN MINISTERIO PARA MINISTRAR

Una vez le preguntaron a Billy Graham: «Si usted fuera un pastor, ¿qué estrategia usaría?» Billy Graham contestó: «Yo escogería doce personas y les transmitiría mi vida a ellos. Luego los enviaría a realizar el trabajo».[9] La idea de transmitir vida y ministrar a los ministros es central para el sistema G-12. En la iglesia normal orientada hacia los programas, aproximadamente cuarenta personas tienen acceso directo al pastor. A través del sistema G-12, el sistema del cuidado pastoral llega a todos.[10]

Todos los que dirigen una célula forman parte de un grupo G-12. Si una persona todavía no ha abierto un grupo celular, él o ella reciben el cuidado del líder del grupo celular abierto. Pero la insignia de honor en MCI es formar parte de un grupo G-12. Así que todos desean entrar en el proceso de entrenamiento para llegar a ser un líder celular y así formar parte de un grupo G-12.

Todos sabemos que los ministros necesitan ministerio para ministrar más eficazmente. Cuando alguien le pide consejo a César Castellanos, la primera pregunta que César le hace a la persona es: «¿Quién es su líder?» La persona contesta: «Yo soy parte de los doce de los doce de tal-y-tal persona».[11] Castellanos espera que el líder G-12 le ofrezca consejo y ministerio al líder celular antes de buscar a otro superior.[12]

LA IMPORTANCIA DEL NÚMERO DOCE

«Creo que el número siete sería mejor que doce para mi iglesia en Juárez, México», dijo el pastor principal. «Nuestras casas son más pequeñas que las de Bogotá, y doce simplemente son demasiados para nuestro contexto», me dijo. Conversamos sobre lo esencial o no del número doce.

MCI cree fuertemente en la importancia especial del número doce. Basan su fe en el hecho de que Dios habló claramente al Pastor Castellanos en 1991 acerca del concepto G-12.[13] El Pastor Castellanos predica regularmente sobre la importancia del número doce. Él se refiere al hecho de que Dios escogió doce tribus de Israel (Génesis 35:22-26; Éxodo 28:21), el calendario hebreo tiene doce meses, Salomón tenía doce gobernadores (1 Reyes 4:7), y Jesús escogió doce discípulos (Lucas 6:12-15).

Luis Salas, uno de los doce de Castellanos, les dice a sus líderes potenciales: «El número doce es su llave al éxito. Desde este día en adelante, usted soñará y orará con el número doce. Lo más importante que usted puede hacer es hacer discípulos».[14]

EL MATERIAL USADO EN LA REUNIÓN G-12

A veces Mario comparte con sus discípulos un mensaje que recibió de César Castellanos. Hasta que se mudó recientemente a Miami el Pastor Catellanos se reunía con sus doce semanalmente. Ellos tomaban apuntes fervientemente del contenido de esa reunión y pasaban luego el mensaje a sus propios discípulos. Lo que era aprendido del pastor principal se pasaba entonces abajo a toda la estructura de líderes a través del sistema G-12.[15]

Observo, sin embargo, que el volumen de la mayoría de las reuniones G-12 en MCI depende del líder G-12 y lo que él o ella reciben directamente del Señor.[16] Mario, por ejemplo, empieza su reunión G-12 pidiéndole a cada discípulo que comparta sus necesidades personales. «Yo estoy luchando con mi matrimonio», dice Juan. «Por favor, ore por mí.» Los que están presentes imponen sus manos sobre Juan, orando que Jesús sane su matrimonio. Después de orar por cada discípulo, Mario dice: «Ahora me gustaría que cada uno de ustedes comparta lo que pasó en su célula y reunión G-12 durante la última semana». Ésta ha sido una semana dura para Juan ya que sólo tres personas asistieron a su grupo celular y sólo un discípulo asistió a su reunión del grupo G-12. «Sigue adelante, Juan», exhorta Mario. «Yo he pasado por eso. Asegúrate de llamar a tus discípulos esta semana y sigue invitando a las personas nuevas a tu célula», dice Mario.

Entonces Mario recuerda a sus discípulos de la campaña de evangelización que se realizará en tres meses. «Esto va a ser un evento grande. Hemos alquilado el estadio interior, y todos tenemos que estar orando. Recuerden también que en un mes vamos a invitar a nuestras esposas y familias para reunirnos en el centro de retiros».

Normalmente Mario edifica a sus líderes a través de un pasaje de la Palabra de Dios, y trata de limitar su reunión G-12 a una hora.

EL LUGAR PARA REUNIRSE CON LOS DOCE

Mario, como la mayoría de los líderes G-12, abre su casa para estas reuniones. Sin embargo, yo he visto las reuniones G-12 en el templo después de una celebración o en un rincón aislado fuera del santuario. Los grupos G-12 se pueden reunir en restaurantes, aulas, o dondequiera. Pero por lejos, el lugar de reunión más común es en una casa.

CONFERENCIAS CUMBRE

Cuando cada uno de los discípulos de Mario ha encontrado sus doce, Mario puede decir entonces que tiene 144 discípulos. Ese número podría seguir creciendo cuando los 144 hacen sus discípulos (dándole, de esta manera, nietos y bisnietos a Mario).

Cuando una red G-12 crece a 144 discípulos, puede haber una degeneración de la visión y de la calidad. Cuanto más lejos esté un discípulo del discipulador original, mayor será la degeneración. Por lo tanto, MCI ha creado las conferencias cumbre para mantener un nivel alto del control de calidad.

En la conferencia (o reunión) cumbre, los líderes de la red recogen toda su red de discípulos regularmente. Algunos lo hacen en forma bimensual, como Mario, por ejemplo. Otros se reúnen una vez por mes y todavía otros se reúnen todas las semanas.

CRECIENDO COMO UN DISCÍPULO

Juan no ha llegado todavía a la madurez espiritual. Él todavía lucha con su matrimonio, por ejemplo. Sin embargo, desde que terminó el entrenamiento y llegó a estar activamente involucrado en el ministerio, él está creciendo todos los días. Él se siente responsable de ser un ejemplo de la vida de Cristo a sus discípulos, así que personalmente estudia la Palabra y ora continuamente. Cuando tiene preguntas y dudas, él sabe que puede acercarse a Mario en cualquier momento, y que recibirá las respuestas. A veces Juan se queda maravillado de cómo su vida ha cambiado desde que escuchó el testimonio de Mario seis años antes. Él está agradecido por ser discípulo de Mario, pero más importante aún, por ser un discípulo de Jesucristo.

CAPÍTULO 5

EL ÉXITO DEL ENTRENAMIENTO DE MCI

La cultura de la guerra de las drogas de Colombia ha creado muchos enemigos –incluso entre los miembros familiares–. Un hombre joven llegó a MCI lleno del fruto de la amargura que fue sembrado en su propia casa. Él odiaba a su padre. Un terrible enojo lo controlaba, aun después de recibir a Jesucristo. Este hombre necesitaba una terapia de su alma –un «extractor de raíces» que lo limpiara profundamente hasta los confines de su alma–. Entró en la senda de entrenamiento en MCI, y Jesús lo transformó. Después de esto pudo ir a su padre y confesar el odio y amargura que lo controlaban. Cuando Jesús lo sanó, llegó a ser uno de los instrumentos claves en Bogotá para alcanzar a los hombres para Jesucristo.[1] Castellanos dice: «Existen líderes y pastores ansiosos de alcanzar un ministerio de amplias proporciones, pero las heridas del alma están ahí y si se anhela servir fiel y productivamente al Señor, esas heridas tienen que ser sanadas».[2]

¿Cuál es su opinión de la Misión Carismática Internacional? –le pregunté a un taxista que no era creyente, en Bogotá, Colombia, cuando me conducía a la iglesia–. «Bien, yo no asisto a la iglesia», dijo él, «pero conozco a muchas personas que han sido cambiadas por medio de esa iglesia».[3]

Cada iglesia celular tiene algún tipo de sistema de entrenamiento, pero no todos los cursos de entrenamiento son iguales. MCI ha creado un sistema de entrenamiento que bien vale la pena tomar en cuenta. Se parece a una máquina de desarrollo de líderes que mueve a las personas a pararse y prestar atención. MCI ha desarrollado un modelo para liberar a las personas y para capacitar líderes rápida y completamente.

La evolución del entrenamiento de líderes en MCI

El Pastor Castellanos se entusiasmó tanto con la Iglesia del Pleno Evangelio Yoido después de su primera visita que intentó copiar su sistema de entrenamiento íntegramente. El Instituto Bíblico de MCI ofreció cursos de Hermenéutica, Homilética, Escatología, Sectas Falsas, Teología del Antiguo y Nuevo Testamento, y todos los cursos que encontró en el instituto bíblico en la iglesia coreana.

El instituto bíblico en MCI apuntaba para entrenar a las personas para dirigir un grupo celular en dos años, y tenían clases todos los días de la semana. En la Iglesia del Pleno Evangelio Yoido no era obligatorio graduarse en su instituto para dirigir un grupo celular, pero MCI requería que todos los futuros líderes completasen su instituto bíblico.

Cuando los líderes revisaron el fruto, reconocieron su triste fracaso.[4] Si setenta personas empezaban el entrenamiento del instituto, terminaban quince. Peor todavía, después de dos años muchos de los líderes celulares potenciales habían perdido contacto con sus amigos no creyentes. Ellos ya no tenían deseos de evangelizar después de una ausencia tan larga del ministerio. Después de dos años, los estudiantes sentían de repente que necesitaban más entrenamiento para ministrar adecuadamente. MCI sólo agregó setenta grupos celulares en los siete años siguiendo el modelo del instituto bíblico.[5]

El Pastor Castellanos, un pragmático de corazón, vio la escritura en la pared. Clamó a Dios diciendo: «Padre, dame el método,

Tú sabes que hemos tratado de avanzar aplicando el modelo del hermano de Corea, pero algo nos hace falta, me parece estar frente a una barrera que no sé cómo superar, ¡por favor ayúdame!»[6]

Dios contestó las oraciones de Castellanos y le mostró cómo entrenar a los líderes potenciales más eficaz y rápidamente. MCI empezó un proyecto piloto llamado «Escuela de Líderes» que les permite a los líderes celulares potenciales quedarse en la batalla de ganar un mundo perdido mientras toman los cursos básicos. La escuela de líderes se enfoca en tres áreas: doctrina, la visión de la iglesia, y el ministerio celular. La joya que corona el entrenamiento de MCI es un retiro de tres días que libera al recién convertido de las cadenas de su esclavitud pasada.

Todos entrenados rápidamente para el liderazgo celular

Con el nuevo enfoque de entrenamiento, MCI prepara ahora muy rápidamente a los nuevos convertidos para el liderazgo celular. Castellanos dice: «Aquí está el secreto. Hemos descubierto cómo entrenar a cada persona rápidamente… Nos toma más o menos seis meses desde su conversión hasta que lleguen a ser líderes celulares».[7] Aunque el tiempo promedio para llegar a ser un líder celular en Bogotá es seis meses, Luis Salas, uno de los doce de Castellanos, prepara a sus nuevos líderes en 4 o 5 meses. Por otro lado, César Fajardo, uno de los doce de César Castellanos, recomienda entre seis a ocho meses.[8]

Otro secreto detrás del milagro de entrenamiento en MCI es que entrar en la senda de entrenamiento es la norma para todos. Castellanos dice: «Hasta ese momento había cometido un error: la capacitación era algo opcional, preguntaba a la gente si quería capacitarse y a duras penas alcanzaba a conformar un grupito de treinta o cuarenta interesados. Pero el Señor me aclaró, que la capacitación no era opcional».[9] Si una persona quiere llegar a ser parte de MCI, debe entrar en la senda de entrenamiento. Aquellos que se niegan a realizar la senda de entrenamiento en MCI no tienen cabida allí.

LA SENDA DE ENTRENAMIENTO EN MCI

Refiriéndose a la multiplicación celular a largo plazo, Luis Salas dijo: «... a menos que usted esté dispuesto a preparar líderes, no tendrá nada para mostrar».[10] La multiplicación rápida requiere un entrenamiento de liderazgo sistemático. Los siguientes pasos muestran en líneas generales el proceso oficial para todo recién convertido. Reina, sin embargo la flexibilidad. Por ejemplo, muchos nuevos creyentes no empiezan con el Retiro de Encuentro. Más bien, entran inmediatamente en la Escuela de Líderes y sólo después asisten a un Encuentro. Dos razones para esto incluven: falta de dinero para pagar el retiro y vacilación para asistir a un retiro carismático inmediatamente. Las personas jóvenes entre quienes el sistema de entrenamiento fue probado primero, son más consistentes siguiendo el orden preciso.

PASO UNO: SEGUIMIENTO INICIAL

Durante los cultos de celebración (toda la iglesia reunida el domingo) o el culto congregacional (una de las agrupaciones homogéneas), el que da el mensaje siempre hace una invitación para recibir a Jesucristo.[11] Muchísimas personas responden y se reúnen en un cuarto separado después del culto. Los obreros entrenados presentan el evangelio una vez más con una claridad meridiana.

Luego los consejeros le dedican atención individual a cada convertido. Estos consejeros son escogidos de las redes G-12 de cada ministerio homogéneo en forma rotativa.

Durante el tiempo de consolidación, los consejeros piden solicitudes de oración. El consejero ora entonces por el nuevo convertido y entonces le pide que ponga sus datos personales en una tarjeta. Otro consejero confirmará luego la información sobre la tarjeta: «¿Bien, así que su nombre es ______, y donde vive usted?»

Después de esto, las tarjetas se distribuyen a las diferentes secciones homogéneas (es decir, hombres, mujeres, parejas, profesionales jóvenes, jóvenes, adolescentes, y niños) para el seguimiento y el cuidado por parte de un grupo celular. Por ejemplo, Cesar Fajardo tiene doce discípulos bajo él en el ministerio juvenil. Cada uno de sus discípulos toma un mes por año para hacer el seguimiento de los recién convertidos. Cuando es el turno de Freddy Rodríguez para tomar las tarjetas de seguimiento, él recibirá todas las tarjetas designadas para los jóvenes del culto de celebración del domingo y también del culto juvenil del sábado por la noche. Freddy distribuirá las tarjetas entre sus doce discípulos. Sus doce trabajarán con sus doce y así seguirán en línea descendente. Los líderes G-12 de Freddy (y sus líderes G-12) llamarán a las personas nuevas por teléfono dentro de las siguientes cuarenta y ocho horas.

Este mismo proceso se repite entre los hombres, mujeres, parejas, profesionales jóvenes, adolescentes, y niños. Los líderes G-12 de cada sección homogénea llamarán el lunes y preguntarán a los nuevos contactos por las solicitudes de oración particulares que estaban escritas en la tarjeta. «¿Cómo está su madre? Estamos orando por ella. ¿Podemos visitarlo?» Esa misma semana se realiza la visita para ubicar a la persona nueva en un grupo celular. El seguimiento no está completo hasta que el nuevo convertido esté asistiendo a un grupo celular regularmente.

PASO DOS: LA VIDA EN LA CÉLULA

La persona nueva empieza la vida cristiana en un grupo celular. Patricia, una madre divorciada con tres niños, recibió a Jesús el domingo por la mañana en MCI. El lunes, Joanne, la líder de una célula para mujeres, llamó a Patricia invitándola a asistir a su grupo celular el miércoles de tarde. Incluso Joanne le ofreció de pasar a buscar a Patricia para llevarla a la célula. Aunque Patricia se sentía nerviosa la primera vez que fue a la célula de Joanne, pronto empezó a valorar el tiempo de compartir personal, y sabe que siempre encontrará un asilo seguro en su grupo celular. Joanne llama a Patricia a menudo.

No pasó mucho tiempo antes que Patricia oyó hablar de un retiro de tres días llamado un «Retiro de Encuentro». Joanne la animó a asistir y también ofreció de acompañarla. «Bien, Señor, si éste es el próximo paso, lo haré», susurró Patricia a Dios. Joanne le informó que debía tomar tres lecciones preparatorias antes de asistir al retiro.

PASO TRES: PRE-ENCUENTRO

Antes de asistir a un Retiro de Encuentro los creyentes nuevos tienen que completar tres de los seis libros de Los Navegantes sobre los fundamentos de la vida cristiana. Estas lecciones incluyen: La Nueva Vida en Cristo, Caminando con Cristo, y Compañerismo con Cristo. Cada lección se da en una sesión semanal, así que esta fase dura tres semanas. Estas clases se ofrecen en la iglesia y son dictadas por un maestro entrenado dentro del grupo homogéneo de las mujeres.[12]

Castellanos escribe: «La persona que acepta al Señor pasa por lo que nosotros llamamos el periodo del Pre-Encuentro; es un periodo de preparación... Así cuando llegan al retiro, ellos ya tienen algunas enseñanzas básicas».[13] En estas sesiones les enseñan a los recién convertidos el ABC de la vida cristiana para prepararlos para el Retiro de Encuentro.

PASO CUATRO: RETIRO DE ENCUENTRO

Muchos que aceptan a Jesucristo en MCI están lastimados, con una conducta disfuncional, y siguiendo modelos pecaminosos por llevar una vida controlada por el príncipe de las tinieblas. En el pasado, MCI creía que con el simple acto de levantar la mano y decir: «Yo acepto a Jesús», el convertido cambiaría.

Comprendieron muy pronto que «aceptar a Jesús» era sólo el primer paso. Entendieron que los que decían «acepto a Jesús» necesitaban un tiempo de acercamiento a Dios. Reconocieron la necesidad que tenía cada recién convertido de tener un encuentro con Jesús.[14] Ahora MCI cree que un Retiro de Encuentro de tres días es igual a un año entero de asistir a la iglesia para un recién convertido.[15]

El Retiro de Encuentro ocurre dentro de cada grupo homogéneo (hombres, mujeres, parejas, profesionales, juventud, adolescentes, y niños). Ralph Neighbour y yo asistimos a un Encuentro de fin de semana entre los profesionales jóvenes en un rústico motel espacioso en el país. Unos 80 profesionales jóvenes estaban presentes.

Si el Retiro de Encuentro es entre el grupo homogéneo de las Mujeres, sólo mujeres asistirán. Lo mismo ocurre con el grupo homogéneo de los hombres. La excepción es con el ministerio a las parejas. Dentro de esta categoría, hay tres Retiros de Encuentro. El primero es para las mujeres, el segundo para los hombres, y el último retiro reúne a las parejas. Entre las parejas, MCI siempre pone el Encuentro de las mujeres primero, para obtener una actitud de arrepentimiento y oración, siguiendo el principio de 1ª Pedro 3:1-6.

Entre los jóvenes solamente, más de 500 personas asisten de seis a ocho Retiros de Encuentro cada fin de semana.[16]

Normalmente, entre 70-120 personas asisten a un retiro. Un Retiro de Encuentro comienza el viernes por la tarde y termina tarde el domingo por la tarde. Todos pagan su propia cuota por el evento. Estos retiros ocurren en centros de retiro designados (por ej., una estancia, un hotel, la casa de una granja) en alguna parte de Bogotá. MCI aleja a los participantes intencionadamente de la ciudad y horarios de rutina, para que Dios pueda trabajar más poderosamente. MCI resiste la idea de que un Encuentro pueda tener lugar en la iglesia, porque está demasiado cerca del apuro y bullicio de los quehaceres diarios y actividades.[17]

Un mes antes del Retiro de Encuentro, los líderes y la correspondiente red de discípulos se ocupan en oración ferviente, guerra espiritual, e incluso ayunan por los que asistirán. MCI comprende que un Retiro de Encuentro es ante todo una batalla espiritual a favor de los participantes.[18]

Durante el Encuentro, cada persona recibe enseñanza intensiva sobre la liberación del pecado, la vida santificada, y el poder del Espíritu Santo. Castellanos dice: «Les ministramos la seguridad de la salvación, sanidad interior, liberación, y la llenura del Espíritu Santo. Cuando una persona termina el Encuentro, ¡el milagro ya ha ocurrido!»[19] Mi experiencia del Encuentro confirmó esto. Notamos un equilibrio saludable entre la enseñanza del seminario y el ministerio personal. Los profesionales jóvenes dedicaron la mañana a la enseñanza y la tarde al ministerio personal.

El Retiro de Encuentro trata con cuatro áreas en la vida de la persona. Primero, está la enseñanza de *la seguridad de la salvación*. MCI quiere asegurarse de que la regeneración ha tenido lugar, y que el nuevo convertido ha experimentado a Dios, en lugar de simplemente repetir «la oración del pecador». A menudo, una persona recibirá verdaderamente a Cristo por primera vez durante un Encuentro.[20]

Segundo, los participantes experimentan *liberación y sanidad interior*. Los líderes designados les enseñan el verdadero significado del arrepentimiento y cómo vivir en quebrantada rendición ante Dios. A menudo durante un Retiro de Encuentro, los que asisten empiezan a orar, confiesan sus pecados, e incluso claman a Dios con llanto y solicitudes.

Los líderes del Encuentro también instruyen a los recién convertidos acerca del perdón de Cristo y la nueva posición del creyente en Él. A menudo los creyentes nuevos no saben perdonar, ni ser perdonados. Muchos creyentes nuevos se sienten indignos de recibir el amor de Dios. MCI enseña que Jesucristo está sumamente interesado en cada persona, y que Cristo quiere sanar cada pecado y cicatriz del pasado.[21]

Castellanos cree que cuando una persona no lleva fruto, es un síntoma de una fuerza adversa operando dentro de ella. Los impedimentos podrían incluir: rechazo en la niñez, momentos traumáticos de los años juveniles, relaciones pecaminosas, participación en el ocultismo, conflictos en las relaciones familiares, maldiciones, y otros acontecimientos semejantes.[22] En el Retiro de Encuentro, MCI utiliza una herramienta de diagnóstico para determinar las raíces de las maldiciones generacionales.

A menudo las personas no saben que están bajo el juicio de Dios debido a su pecado. En el Retiro de Encuentro los pecados pasados quedan al descubierto y son confesados, permitiendo que tenga lugar la liberación.[23] El retiro de tres días, entonces, es un tiempo para recibir sanidad de la pasada esclavitud.

Tercero, el Retiro de Encuentro es un tiempo para recibir *la llenura del Espíritu de Dios*. MCI cree que la evidencia de lenguas acompaña el bautismo del Espíritu Santo. La mayoría de las personas, por lo tanto, hablan en lenguas en un Retiro de Encuentro. MCI estimula a los creyentes a hablar en lenguas durante su vida de oración privada. Sin embargo, en los cultos de celebración en MCI, la manifestación de lenguas debe incluir una adecuada interpretación.[24]

Cuarto, el nuevo creyente recibe enseñanza sobre la *visión de MCI.*[25] Los que asisten oyen acerca de los planes de MCI de alcanzar toda la nación por medio de la filosofía de la iglesia celular y cada uno de ellos puede participar activamente.

A menudo hay un fuego de campamento, y los que asisten escriben una carta sobre su vieja vida. Entonces tiran la carta en el fuego, demostrando simbólicamente que la vieja vida ha pasado y la nueva vida en Cristo ha llegado ahora. Hay canto jubiloso después, y alabanza.

Aparte de los tiempos de intensa enseñanza y ministerio, los Retiros de Encuentro también enfatizan la diversión y la relajación. Los deportes, la comida y la comunión facilita el desarrollo de nuevas amistades.[26]

Paso Cinco: Después del encuentro (pos-encuentro)

El Pos-Encuentro tiene lugar inmediatamente después del Retiro de Encuentro. Se ofrecen las últimas tres lecciones del Navegante durante el tiempo del Pos-Encuentro. Estas tres lecciones son: Los fundamentos de la Fe, Creciendo en el Servicio Cristiano, y El Carácter Cristiano.[27] El Pos-Encuentro le prepara al nuevo creyente para entrar a la escuela de líderes. Antes que MCI implementara el Pos-Encuentro, muchas personas se iban de la iglesia inmediatamente después de asistir al Retiro de Encuentro. MCI comprendió finalmente que era un contraataque de Satanás. Después de implementar las lecciones del Pos-Encuentro, MCI ha visto que su tasa de retención aumentó positivamente.[28]

PASO SEIS: ESCUELA DE LIDERAZGO

Después de la enseñanza del Pos-Encuentro, el creyente joven asiste a la Escuela de liderazgo que dura un año. Hay un puente inmediato entre los dos, para que los que asisten al Retiro y la enseñanza del Pos-Encuentro entren en la Escuela de Liderazgo.[29]

La Escuela de Liderazgo es una clase semanal de dos horas que tiene lugar entre los diferentes grupos homogéneos. El estudiante asiste a sólo una clase por semana, no uno por día como en el sistema viejo. Normalmente, hay por lo menos cincuenta estudiantes por clase.[30] Las clases requieren más que la mera asistencia y escuchar a un profesor. Cada estudiante debe participar y debe aplicar las lecciones.[31] Entre las personas jóvenes solamente, más de 7.000 personas estaban asistiendo a la Escuela de Liderazgo durante el primer semestre de 1999.[32]

César Castellanos ha escrito un libro para cada semestre. *Encuentro Uno* (primer semestre) cubre el propósito de Dios para la humanidad, la condición pecaminosa del hombre, la persona de Jesucristo, y la singularidad de la vida cristiana. *Encuentro Dos* (segundo semestre) trata de la cruz de Jesucristo. *Encuentro Tres* (tercer semestre) enseña el bautismo, la vida devocional, la autoridad de las Escrituras, y la doctrina del Espíritu Santo.[33] Otro manual, C.A.F.E. 2000 (una recopilación de los materiales de entrenamiento para el liderazgo celular), se enseña junto con los manuales del Encuentro para preparar a la persona para conducir un grupo celular.

Paso Siete: Segundo retiro de encuentro

Este segundo retiro está diseñado para reforzar los compromisos hechos en el primer retiro y para implantar principios finales en el líder potencial antes de que él o ella se lancen a dirigir un grupo celular.[34] El segundo retiro generalmente ocurre después del primer semestre de la Escuela de Liderazgo, inmediatamente antes de que la persona comience a dirigir su grupo celular.

El segundo Retiro de Encuentro, al que yo asistí, incluía la enseñanza sobre nuestra posición en Cristo, la victoria sobre el pecado y la liberación personal. Es un tiempo para captar la visión de la iglesia y renovar nuestra fe.

Paso Ocho: Dirija un grupo celular

De nuevo, no hay ninguna necesidad de terminar la Escuela de Liderazgo antes de comenzar un grupo celular. Muchos, de hecho, dirigen una célula abierta antes de asistir a un segundo Retiro de Encuentro. Algunos líderes, como Luis Salas, no permiten que nadie entre en el segundo semestre de la Escuela de Liderazgo a menos que estén dirigiendo un grupo celular. También está claro que nadie puede graduar el tercer semestre de la Escuela de Liderazgo sin dirigir un grupo celular.

Paso Nueve: Más enseñanza con profundidad

Durante mucho tiempo MCI usó la Educación Teológica por Extensión (llamado FLET: Facultad Latinoamericana de Estudios Teológicos) para el entrenamiento para el liderazgo.[35] Ahora se ofrece un mayor nivel de entrenamiento basado en una serie de libros llamados «Firmes Como Una Roca», cuyo autor es el Pastor César Castellanos.[36]

PASO DIEZ: ESCUELA DE MAESTROS

En las fases iniciales de la senda de entrenamiento, el Pastor Castellanos y sus doce discípulos originales enseñaron los cursos de entrenamiento para el liderazgo. El crecimiento explosivo de la iglesia, sin embargo, exigió un *pool* de maestros cada vez mayor.

La Escuela de Maestros es un curso diseñado para entrenar a los maestros potenciales para enseñar en la Escuela de Liderazgo. Estos maestros potenciales aprenden con un libro titulado «Guía del Maestro» con el cual recorren otra vez los libros del *Encuentro*, pero esta vez con un énfasis en cómo enseñar de una manera sistemática.

Se les enseña la metodología de las técnicas de la enseñanza, y luego más específicamente cómo aplicar la enseñanza a las vidas de sus estudiantes. MCI normalmente entrena más de 100 personas cada semestre para llegar a ser maestros en la Escuela de Liderazgo. La mayoría de estas personas ya son profesionales.

LA META: TRANSFORMACIÓN

Todo lo que se hace en MCI apunta al final a presentar a las personas completas en Cristo. Hugo es justamente otra historia de transformación sobrenatural.

«Yo solía pasar la noche en este pedazo de cemento, acurrucado contra esa pared», dijo Hugo. «Mi vida estaba tan controlada por las drogas que caminaba aturdido y dormía en las calles de Bogotá todas las noches. Entonces Jesús me salvó».

Hugo me hacía recordar la historia de Jesús y el hombre gadareno poseído por los demonios. En el pasaje leemos lo siguiente: «Cuando vinieron a Jesús, encontraron al hombre de quien habían salido los demonios, sentado a los pies de Jesús, vestido y en su juicio cabal; y tuvieron miedo. Así que el hombre se fue de allí y dijo en todo el pueblo cuánto Jesús había hecho por él» (Lucas 8:35, 39, Trad. literal).

Mientras pasaba un tiempo con Hugo, vi de primera mano cómo Dios está transformando la vida de un drogadicto colombiano. Ahora Hugo ha pasado por cada paso de la senda de entrenamiento en MCI, y puedo testificar que él está nuevamente «en su juicio cabal».

CAPÍTULO 6

FRUCTIFICAD Y MULTIPLICAD

Durante una de mis visitas a MCI, asistí a un grupo celular de noche en un barrio aislado. Después de la reunión, yo tenía que caminar más de una milla en la oscuridad de la noche para tomar un autobús. Me sobrecogió el miedo cuando vi un grupo de hombres que caminaban detrás de mí en el camino de tierra. Traté de ignorar que la proporción de asesinatos en Colombia es ocho veces más alto que en EEUU.[1]

Colombia tiene una reputación manchada por los años de violencia y corrupción que ha plagado esta nación. La Misión Carismática Internacional, sin embargo, se compromete a transformar Colombia. César me dijo una vez: «Nosotros somos deudores al mundo».[2] MCI tiene planes para cambiar Colombia a través de la creación de una iglesia celular poderosa que está multiplicando grupos celulares continuamente. El Pastor Castellanos dice: «Dios quiere que su iglesia sea fructífera y multiplique. Él desea que su iglesia llegue a ser tan grande que hará un impacto en toda la nación».[3]

MCI cree que la multiplicación da autoridad –política y no política–. Su iglesia ha crecido tan rápidamente que ellos pueden ejercer influencia ahora en los círculos gubernamentales debido a los miles y miles de vidas cambiadas que son liberadas en la sociedad. MCI también está involucrada activamente en el proceso político, y sus programas regulares de radio y televisión ayudan a reprogramar la sociedad colombiana. La clave de todo es la multiplicación.

El mandato de Dios para multiplicar

Según Castellanos, Dios está sumamente interesado en la multiplicación porque Él es el Dios de la multiplicación. Desde el primer capítulo de Génesis leemos de la visión de Dios para la multiplicación: «Los bendijo Dios y les dijo: "Fructificad y multiplicaos; llenad la tierra y sometedla; ejerced potestad sobre los peces del mar, las aves de los cielos y todas las bestias que se mueven sobre la tierra"» (Génesis 1:28).

De una manera similar, Dios bendijo a Abraham a la edad de 99 años, diciendo: «Yo haré un pacto contigo y te multiplicaré en gran manera» (Génesis 17:2). Jesús manda que tengamos el mismo tipo de fruto que se menciona en Juan 15:8: «En esto es glorificado mi Padre: en que llevéis mucho fruto y seáis así mis discípulos». Al final de su ministerio, Jesús ordenó este mismo tipo de fruto de Sus discípulos: «Toda potestad me es dada en el cielo y en la tierra. Por tanto, id y haced discípulos a todas las naciones, bautizándolos en el nombre del Padre, y del Hijo, y del Espíritu Santo» (Mateo 28:18-19). MCI cree que la única manera viable de conquistar una ciudad entera es a través de la multiplicación de los grupos celulares.[4]

Fruto y santidad

El Pastor Castellanos señala rápidamente que Dios está interesado en los números y en la santidad. Estos dos temas van juntos. En la mente de Castellanos, el fruto en la multiplicación es un resultado directo de la santidad personal. La multiplicación no puede llegar por medio de siervos impíos. «Póngase bien con Dios y Él multiplicará su grupo celular», es la exhortación subyacente.

Adán y Eva perdieron su autoridad porque perdieron su santidad. El Pastor Castellanos dice: «Cuando hay pecado, el grupo celular decaerá. Si alguien está viviendo con otra persona sin estar casados usted no debe permitir que esa persona dirija un grupo celular. La santidad debe comenzar con el líder».[5] Claudia Castellanos dice que para multiplicar las células usted tiene que obedecer la Palabra de Dios, comprometerse con la santidad, tener un corazón sano, y recibir la liberación.[6]

EL ESPÍRITU DE AUTORIDAD

Toda autoridad ha sido entregada a Jesucristo. Cuando Él envió a sus doce discípulos al mundo para hacer nuevos discípulos, Él les dio Su autoridad. Cristo demostró Su autoridad mientras estaba en la tierra. Él no dijo a los demonios: «¿Me hacen el favor de salir?» No, Él les ordenó que salieran.

Algunas personas en el ministerio celular dicen: «Señor, si es tu voluntad, yo multiplicaré mi grupo celular». Dios quiere que usted sepa que es Su voluntad. Reciba la autoridad de Jesucristo para ser fructífero y multiplicar.

Luis Salas, uno de los doce de César Castellanos, dio una conferencia en mi iglesia (la Iglesia de la República, Quito) en noviembre de 1998. Luis habló en forma muy clara a nuestra gente. Él nos dijo que cuando un líder dice: «Yo no puedo multiplicar mi grupo», no está confiando en la autoridad y el poder de Dios, y por lo tanto, está pecando contra Dios. Su mensaje a nuestra iglesia era: «Usted puede multiplicar su célula porque Dios es el Dios de la multiplicación y Él le dará el poder». La primera cosa que Luis Salas nos pidió que hiciéramos como una iglesia era bajar los carteles que decían: «Nuestra meta: 100 grupos celulares» y reemplazarlo con otro cartel nuevo que dijera: «Nuestra meta: 300 grupos celulares».[7]

BUENA DISPOSICIÓN PARA MULTIPLICAR LOS GRUPOS CELULARES

La filosofía G-12 es principalmente un vehículo para multiplicar los grupos más rápidamente. En lugar de esperar que un grupo celular entero se divida en dos grupos, este concepto obliga a cada miembro a entrar en el proceso de entrenamiento para dirigir un grupo celular en el futuro. Los líderes celulares buscan activamente a los miembros celulares para dirigir células nuevas, y así llegan a ser discípulos en el proceso.

En este sistema, cada miembro celular es un líder celular potencial, pero más importante aún, cada miembro celular es un líder potencial de líderes. El líder de un grupo celular que ha desarrollado a otro líder inmediatamente llega a ser un supervisor. Debido a esta relación, el modelo G-12 evita un «quebranto en la relación» cuando el grupo multiplica. Los líderes celulares dirigen los grupos que ellos multiplican. El modelo G-12 proporciona una estructura más simple, más natural, que depende menos del liderazgo superior y más en el liderazgo en el nivel en el cual se encuentra. Sin embargo, también es verdad que cualquier iglesia que lleva a cabo el modelo G-12 ya debe poseer un deseo ferviente para que la multiplicación celular reciba todos sus beneficios.

Algunos ministerios celulares no enfatizan suficientemente la multiplicación celular. «Yo no quiero promover números», piensan algunos. «Estaría presumiendo en Dios si fijara metas para la multiplicación celular. Cuando mi célula sea saludable, multiplicará de forma natural», dicen otros. Si bien la comunión unida es muy valorada en la iglesia celular, a menudo la «comunión» llega a ser una comunión exclusivista si no se tiene sumo cuidado. Los miembros celulares raramente quieren multiplicar sus células. Naturalmente nos sentimos más cómodos compartiendo nuestras peticiones de oración con las personas que conocemos. Yo admiro el hecho de que MCI está dispuesta a correr riesgos para alcanzar a las personas para Jesucristo.

LA MULTIPLICACIÓN CLÁSICA VERSUS LA MULTIPLICACIÓN G-12

El método normal de multiplicación celular es la multiplicación «madre-hija» en la que un grupo celular que ya existe supervisa la creación de una célula hija proporcionando las personas, el liderazgo y cierta medida de cuidado personal. Un grupo se forma dentro de la célula madre y sale para formar una célula hija. La célula hija llega a ser un grupo celular separado, independiente y no es dirigida directamente por la célula madre (éste es el papel de los supervisores, pastores de zona, etc.). Éste es el método usado con mayor frecuencia para la multiplicación celular.

En el modelo G-12 se le pide a cada miembro del grupo que empiece su propia célula, ya sea por separado o con uno o dos más de la célula madre. Cuando el miembro celular llega a ser un líder celular, él sigue reuniéndose con su líder de célula original, ya sea en un grupo celular normal (Centro de Oración Mundial Betania), o en una reunión de discipulado diferente (Misión Carismática Internacional.

LA MULTIPLICACIÓN OCURRE SIN UNA DIVISIÓN

En la multiplicación madre-hija, el grupo se divide en dos grupos y las relaciones generalmente se separan. Siempre existe la posibilidad de contacto, pero normalmente el nuevo grupo queda bajo la supervisión de otro líder (es decir, un supervisor nombrado). En el modelo G-12, el líder de la célula madre continúa dirigiendo y cuidando el nuevo líder de célula.

El término «multiplicación sin división» es un tanto equivocado en MCI. En MCI el nuevo líder celular no vuelve todas las semanas a la célula madre. Más bien, el líder de la célula madre se reúne con el nuevo líder celular en otro momento durante la semana en un grupo G-12. Esto tiene sentido porque una célula normal no provee el mismo alimento espiritual para un nuevo líder celular.

Por otro lado, el Centro de Oración Mundial Betania en Baker, Louisiana, le pide a cada nuevo líder que asista a la célula madre, manteniendo así el eslabón entre la célula madre y la célula hija (el líder de la célula madre es alentado, pero no obligado, a reunirse con el nuevo líder en otras ocasiones).

El término «multiplicación sin división» se define mejor como una relación incesante entre el líder de la célula madre y el líder de la nueva célula, ya sea que esa relación se mantenga en la célula madre o en otra reunión durante la semana. Mike Atkins, el pastor principal anterior de la Iglesia de las Naciones, escribe: «Este acercamiento les permite a los miembros de la célula continuar fortaleciendo las relaciones, transparencia e intimidad y al mismo tiempo están activamente involucrados en el liderazgo y en el desarrollo del liderazgo».[8]

Es sabio que el líder de la célula madre invite al nuevo líder celular a la célula madre. Esto elimina el escozor de la «división» y separación –sobre todo durante los primeros meses–. Con el tiempo, sin embargo, el nuevo líder empieza a desarrollar nuevas relaciones en la célula hija y a menudo no siente la misma necesidad de volver cada semana a la célula madre.

De todas maneras, el líder de la célula madre debe mantener contacto estrecho con el nuevo líder celular –ya sea que eso implique volver a la célula madre cada semana o una reunión separada ocasional entre los dos.

PREMIOS DE LIDERAZGO POR LA MULTIPLICACIÓN

El liderazgo exitoso es claramente medido en MCI. Los líderes exitosos son aquellos que han plantado varios nuevos grupos, han levantado nuevos líderes para dirigir otros grupos, y son ahora líderes de líderes. Si alguien ha tenido éxito haciendo esto, y está entrenando líderes ahora, esa persona recibe una promoción en la iglesia. Para calificar para un puesto de trabajo en la iglesia de medio tiempo, debe multiplicar su célula 250 veces. Un puesto de tiempo completo está reservado para los que han multiplicado su célula 500 veces.

LA CLAVE PARA LA MULTIPLICACIÓN CELULAR: EL LIDERAZGO

«No se puede permitir que cualquiera dirija un grupo celular, ¿no es verdad?», me preguntó una participante del seminario. Ella había entendido mal mi charla sobre la multiplicación celular en MCI y no tuvo en cuenta el proceso de entrenamiento para el liderazgo. Yo corregí su error rápidamente, diciendo que en MCI cada líder potencial debe atravesar el proceso de entrenamiento de seis meses. Mientras que la multiplicación celular motiva el proceso, la llave al éxito es el desarrollo del liderazgo. Se requiere de mucha habilidad para llevar a una persona que es un miembro de una célula para que dirija una célula.

Si un grupo celular no multiplica en MCI, la responsabilidad está en el líder.[9] MCI cambiará a menudo el liderazgo de un grupo estancado para soplar nueva vida en él. Varios líderes me dijeron que era un «pecado» cerrar un grupo celular existente. Por esta razón, MCI se concentra en el desarrollo y entrenamiento de líderes.

LÍMITES A LA MULTIPLICACIÓN RÁPIDA

MCI cumplió el hecho asombroso de multiplicar de menos de 5.000 células a principios de 1996 a 10.600 células a fines de 1996. Luego abarcaron más de lo que podían manejar. Fijaron la meta de 30.000 para 1997. Enormes carteles proclamaban esta meta a todos los que entraban en la iglesia. Bajo presión, ellos multiplicaron sus grupos rápidamente para alcanzar la meta, pero muchas de las nuevas células eran débiles y «no-existentes» (eran células sólo en el papel). MCI no alcanzó su meta para 1997, y sólo alcanzó 24.000 células en 1998.

Sin embargo, incluso la cifra de 24.000 dejaba mucho que desear. En 1999 MCI realizó una limpieza en su casa. Ellos combinaron muchas de las células débiles y sin vida para formar células más fuertes. Establecieron una nueva norma, es decir, que una célula tenía que tener seis personas para ser llamado un grupo celular oficialmente. En marzo de 1999 redujeron el número de células de 24.000 a 18.000.[10] Para marzo de 2000 esta cifra había aumentado nuevamente a 20.000.

MCI tuvo que admitir que multiplicaron sus células demasiado rápidamente. En la iglesia celular, hay un tiempo para la consolidación. A la larga, la multiplicación de células débiles puede crear problemas, y MCI trató esa realidad con sabiduría. Después de consolidar muchos grupos celulares débiles, uno de los doce de César me escribió, diciendo: «No mire los números tanto como la calidad de los grupos celulares. La calidad producirá el fruto».[11]

EJEMPLOS DE NIVELES DIFERENTES DE LIDERAZGO CELULAR

Para ilustrar la multiplicación en MCI, he escogido una amplia gama de ejemplos que representan varias fases diferentes de la multiplicación de los grupos celulares. Carlos, el taxista, reveló que él era un miembro de una célula en MCI, pero no un líder celular. Javier entró en el ritmo de la multiplicación celular lentamente en MCI, pero ahora dirige dos grupos celulares. Daniel, un líder juvenil ha progresado desde que recibió a Jesucristo en 1995 y ahora supervisa treinta y cinco grupos celulares. Luis Salas (600 células) y Freddy Rodríguez (1500 células) son conocidos en toda la iglesia como ejemplos excepcionales de la multiplicación de los grupos celulares.

Carlos, el taxista: Cero grupos celulares

Carlos, un taxista en Bogotá, recogió a mi amigo y a mí en camino al culto de jóvenes. Él nos oyó hablar acerca de MCI, y entonces nos manifestó que él también asistía a MCI.

Yo le pregunté cómo había oído hablar de MCI. «Fui invitado por un amigo a asistir a un grupo celular», nos dijo. «De allí asistí a un culto de jóvenes un sábado por la noche donde recibí a Jesucristo».[12] Carlos ya se había bautizado y estaba en su segundo semestre de la Escuela de Liderazgo pero todavía no había asistido a un Retiro de Encuentro. Él entendía las metas de MCI, pero Carlos es un ejemplo de alguien que no había entrado en el corazón de la visión de MCI, que es el liderazgo celular. Él entendía la importancia del ministerio del grupo celular pero no había dado aún los pasos necesarios para entrar en él.

Javier: Dos grupos celulares

Mi amistad con Javier empezó durante mi primera visita a MCI en 1996. Cada año subsiguiente, pasé tiempo con Javier y veía su lento, pero sostenido progreso.[13]

Javier nació en 1964 en Bogotá. Era el más joven en una familia de siete, y sentía la presión de estar a la altura de los ideales de su exigente padre. «Mi padre me pegaba», me dijo. «Enfrenté también una presión adicional porque mis hermanas lograban notas altas en la escuela y después llegaron a ser ingenieras civiles igual que mi padre». Como solución, Javier encontraba alivio en el alcohol. A la edad de dieciséis años, Javier era un alcohólico que encontró su hombría vagando con las personas equivocadas y tomando drogas.

En 1986 entró en la universidad para estudiar Ingeniería Civil. Siguió bebiendo en ese tiempo, aunque sólo durante el verano. Él dice: «Cuando alcancé mi tercer año en la universidad me sobrecogió el "espíritu de destrucción" y llegué a ser un adicto total». Javier continuó vagando, atrapado en un laberinto de drogas, sexo y alcohol. «Me desperté un día y comprendí que no había asistido a la universidad durante dos semanas, así que decidí matarme. Tomé noventa píldoras». La hermana de Javier lo rescató, y aunque escapó de las fauces de la muerte, a los pocos meses era esclavo otra vez de los mismos vicios.

Esta vez, para mantener su vicio de drogas, recurrió al robo de su propia familia. Con esto ellos lo echaron de la casa. Él dice: «De 1991 a 1995, yo dormía en las paradas del autobús, en las clínicas y en las casas de mis amigos. A veces yo no dormía durante varios días debido a las drogas. Otras noches dormía en el escalón de la casa de mi padre. Mi familia pasó mucha vergüenza por mi culpa, ya que mis vecinos veían mi terrible condición».

Javier se enteró de MCI a través de sus reuniones de oración de toda la noche. Mientras buscaba drogas y un lugar para quedarse, iba a menudo a MCI. «Pasaba por MCI para recibir comida, dinero, y cuidado personal», me dijo. «Me di cuenta del amor de Dios, aunque yo no conocía a Jesús». A veces, el Pastor Castellanos oraba incluso por él, aunque estaba drogado.

En diciembre de 1995, clamó a Dios diciendo: «Quiero dejar esta vida de drogas, pero no puedo hacerlo solo». Aunque Javier no quedó completamente sano de su pasado pecaminoso, Jesús empezó a trabajar despacio en su vida, y empezó a asistir a MCI en 1996. Mientras pasaba tiempo con Javier en mis primeras tres visitas, él confesó sus continuas luchas con la fornicación que le impedía de entrar en la visión de MCI.

Dios es un Dios poderoso y a finales de 1998, Él ayudó a Javier para verse libre de los pecados sexuales. Cuando me encontré con Javier en 1999, era una persona transformada. En ese momento, Javier había asistido a un Retiro de Encuentro y había terminado la Escuela de Liderazgo. Ahora forma parte de un grupo G-12 (uno de los «144» de César Castellanos) y ha encontrado dos de sus propios doce discípulos.

DANIEL: 35 GRUPOS CELULARES

«¿Eso es un grupo celular?», pregunté. El grupo parecía extraño ya que estaba reuniéndose fuera del estadio interior, justo antes del culto juvenil del sábado por la noche. Después hablé con el líder del grupo. El líder se presentó como Daniel, uno de los 144 de Freddy Rodríguez. «Ésta era una reunión de una célula abierta», me informó Daniel. «Tengo mi reunión G-12 a las 2 de la tarde del sábado».

Daniel asistió a MCI por primera vez en 1995 y aceptó a Jesús en el culto juvenil un sábado por la noche. Jesús lo salvó de una vida de drogas y negocios mundanos. Poco tiempo después de recibir a Jesucristo, asistió a un Retiro de Encuentro, la Escuela de Liderazgo, un Segundo Encuentro, y luego abrió su grupo celular y empezó a buscar sus doce.

Daniel es ahora un empleado de tiempo completo para MCI, trabaja en el ministerio de la radio. Además de trabajar a tiempo completo para la iglesia, Daniel continúa construyendo su red de discípulos activamente. Daniel ya ha encontrado a sus doce discípulos que a su vez están buscando a sus doce discípulos ahora. A estas alturas, Daniel tiene 35 grupos celulares a su cargo (algunos de sus doce ya han encontrado a sus discípulos que han abierto grupos celulares).

Luis Salas: 600 grupos celulares

En enero de 1996, Luis Salas empezó su primer grupo celular bajo el liderazgo de César Castellanos. En poco más de tres años después, Luis había multiplicado esa célula y ya tenía más de 600 células. ¿Cómo lo hizo? Las siguientes características le darán una pauta.

1. **Llegando a ser amigo de las personas.** «Primero tiene que ser amigo de ellos», me dijo Luis. Él les enseña a sus nuevos líderes a reunir a sus amigos para empezar grupos celulares.[14] «Usted tiene que entrar en sus problemas. Tiene que estar con ellos», enseña Luis. A semejanza de Jesús, Luis está dispuesto a hacerse amigo de las personas y en dicho proceso los convierte en sus seguidores. El refrán es verdad: «A las personas no les importa cuánto sabe usted hasta que saben cuánto le importa a usted sus personas».
2. **Celo para la visitación.** Luis Salas cree que una clave vital en el crecimiento y multiplicación del grupo celular es la visita personal. Él aconseja a los que están bajo su cuidado que se pongan inmediatamente en contacto con los que vienen por primera vez. «No me quedo más de media hora por visita», él nos dijo. Él comprende que las personas tienen otros compromisos y aprecian a alguien que respeta su tiempo.
3. **Viendo diamantes en el producto bruto.** Cuando Salas tuvo un seminario celular en nuestra iglesia en Quito, Ecuador, nos decía constantemente que miráramos a cada miembro en la célula como diamantes sin pulir. «Vea a cada per-

sona en su grupo celular como un líder potencial», era prácticamente el tema de todo el seminario. Después del seminario, vi a cada miembro de mi propio grupo celular en una nueva luz. Previamente, yo veía a Aldo como un obstáculo en mi grupo celular. «Él es tan rudo», pensaba yo. «Posiblemente él esté perturbando a otros», razonaba yo. Pero después de oír a Luis Salas, vi el potencial de Aldo por primera vez y le animé a entrar en la senda de entrenamiento.

4. **Pasión por entrenar.** Luis sabe que la única manera de cumplir sus metas es entrenar a los nuevos líderes. Así que él constantemente está buscando a los líderes que van surgiendo y entonces los entrena. Sus cursos en la Escuela de Liderazgo siempre están llenos.

5. **Autoridad espiritual.** Luis nos dijo repetidamente que sus personas lo respetan porque ellos han visto que Dios está trabajando en su vida. Ellos lo ven como un modelo de fe, y quieren seguir ese modelo. Saben también que Dios ha provisto para sus necesidades en tiempos desesperantes, y así su autoridad es real y viva. Luis Salas también deriva autoridad de su ejemplo como un hombre de familia. Tiene cuatro niños pequeños que corren alrededor de la casa. Aunque Salas dirige más de 600 grupos celulares, todavía mantiene un trabajo de tiempo completo como un analista de sistemas de computación. Él es una excepción a la regla. (Generalmente después de 500 células una persona llega a ser un empleado a tiempo completo para MCI.)[15]

FREDDY RODRÍGUEZ: 1500 GRUPOS CELULARES

Antes de 1987, a Freddy le faltaba esperanza y confianza. Su vida se centraba en las drogas y el alcohol. Su familia se había separado y su padre, que vivía en Estados Unidos, no quería tener nada que ver con él. En este estado de soledad y frustración, Freddy recibió a Jesús en MCI en 1987 y se volvió uno de los doce discípulos de César Fajardo. En ese momento había sólo sesenta personas en el grupo de jóvenes.

Tres años después Freddy ya había encontrado sus doce discípulos. Esos doce buscaron y encontraron doce más y el proceso seguía. A partir de abril de 1999, Freddy era responsable por más de 1500 grupos celulares.

Freddy dirige el culto del sábado por la noche para más de 18.000 jóvenes. Él se reúne semanalmente con César Fajardo, su discipulador. Él también es un marido y padre, y tiene un activo ministerio de conciertos en América Latina.

¿Cuál es el secreto del éxito de Freddy? Hablando con él durante años y observando su vida, he notado tres razones por lo menos para su éxito:

En primer lugar, Freddy está totalmente consagrado a Jesucristo. Él entiende claramente que sólo Cristo puede conceder éxito. Freddy vive en comunión íntima con Jesús y enseña a sus discípulos que ellos deben mantener intimidad a toda costa con Jesús. Freddy espera que sus discípulos oren diligentemente, ayunen regularmente, y entablen batalla espiritual contra las huestes de maldad. Dios mismo le ha dado una visión a Freddy para la multiplicación y el discipulado.

Una segunda razón por la cual Freddy tiene tanto fruto es porque cree en la sumisión y la autoridad. Él se somete a César Fajardo y se reúne con él todas las semanas. Como el centurión en el Nuevo Testamento, Freddy Rodríguez es un «hombre bajo autoridad». Con todos sus múltiples talentos, Freddy fácilmente podría «lograrlo solo», pero él más bien escoge someterse a los que están sobre él. Debido a la actitud de Freddy, los que están bajo su cuidado están dispuestos a someterse a su autoridad.

El compromiso de Freddy en cuanto al tiempo es una última razón para su éxito como un líder. No sólo se reúne con sus doce todas las semanas, sino también se reúne con toda su red de discípulos todas las semanas (los discípulos de sus discípulos). De esta manera, Freddy ha podido mantener el control de calidad en los niveles inferiores.

CAPÍTULO 7

PRINCIPIOS G-12 QUE SU IGLESIA PUEDE USAR

Las personas concurren a MCI y ven el funcionamiento ejemplar como un *Corvette* puesto bien a punto. Ellos ven la velocidad, la pintura brillante y los asientos de cuero. Miran el automóvil y quieren uno para sí mismos. Así que vuelven a casa e intentan establecer el modelo allí. Ellos intentan reproducir el mismo automóvil que vieron en Colombia. Sin embargo, se olvidan de entender lo que está bajo el capó. Incluso cuando las personas miran el motor y lo oyen rugir, todavía no entienden cómo funciona ese motor. Así que compran los repuestos pero no saben armarlo. Les faltan los principios básicos que están debajo de esa hermosa vista externa.

Cualquiera que desea llevar a cabo el modelo G-12 debe discernir la diferencia entre la función y la forma, entre el principio y el método. Ésta es la manera de aplicar los principios beneficiosos de MCI a su propia situación en la iglesia, preparando de esta manera a su iglesia para el crecimiento.

LOS PRINCIPIOS FUNDAMENTALES VERSUS LOS PRINCIPIOS DE APOYO

Es importante distinguir los principios esenciales de los principios de apoyo. Los principios de apoyo pueden encontrarse en otras iglesias celulares alrededor del mundo y no son necesariamente únicos en MCI. Los principios de apoyo son parte de la mezcla global de la iglesia, pero no forman el fundamento para la explosión G-12. Yo recomiendo que usted practique los principios fundamentales ahora mismo, mientras que los conceptos de apoyo podrían venir después. Los siete principios fundamentales son:

- El modelo G-12 enfoca en la multiplicación celular.
- Un grupo celular se abre cuando hay un líder entrenado.
- Todos los que entran en la iglesia son líderes potenciales.
- Se espera que todos los creyentes realicen el entrenamiento para ser líderes de una célula.
- Cada líder es un supervisor potencial.
- Una persona llega a ser un discípulo cuando abre una célula.
- A todos se nos debe ministrar para poder ministrar.

PRINCIPIO FUNDAMENTAL # 1: EL MODELO G-12 ENFOCA EN LA MULTIPLICACIÓN CELULAR

El modelo G-12 es principalmente un modelo para la multiplicación. Es un llamado a una rápida y continua multiplicación de los grupos celulares.[1]

César Castellanos llevó a cabo este modelo como una manera de multiplicar su grupo celular más rápidamente. Él se esforzó para eliminar los obstáculos de la estructura celular tradicional (por ej., limitaciones geográficas, una administración excesiva), y así su iglesia podría crecer rápidamente. Desde el momento que implementó este modelo, la iglesia ha crecido desde 70 grupos celulares hasta el momento presente, con 20.000.

El Pastor Castellanos nunca tuvo en su mente una forma cerrada de un intenso discipulado desconectada del crecimiento rápido de la iglesia. En cierta oportunidad leí acerca de una iglesia en transición al modelo G-12 que proclamaba su nuevo énfasis de discipulado intensivo. Esta iglesia declaraba además que con su nuevo énfasis G-12 estaba más preocupada por el crecimiento espiritual que por el crecimiento numérico.

No se equivoque: MCI está fervorosamente interesada tanto en el crecimiento numérico como en el crecimiento espiritual. En MCI, si los líderes celulares no multiplican sus grupos ellos son dejados a un lado. Castellanos tiene una meta numérica clara y los líderes celulares diligentemente trabajan para alcanzarla. El modelo G-12 como lo practica MCI es más un modelo de multiplicación que un modelo de discipulado. Es un llamado a una rápida y continua multiplicación de los grupos celulares.

PRINCIPIO FUNDAMENTAL # 2: UN GRUPO CELULAR SE ABRE CUANDO HAY UN LÍDER ENTRENADO

En el estilo común de la multiplicación celular, la célula tenía que esperar por un cierto número de personas y aprendices antes que pudiera suceder la multiplicación. La multiplicación llega a ser, entonces, un proceso en que es necesario esperar que más personas asistan al grupo –un enfoque en la asistencia en lugar de entrenar nuevos líderes–. El problema con este modelo es que cuando la célula alcanza el número mágico de «quince» o «doce» y el grupo está listo para multiplicar, algunos miembros se van, no queriendo experimentar el dolor de separarse de los otros miembros del grupo.

En el modelo G-12 usted puede multiplicar su célula con cualquier número: cuatro, cinco, diez. El nuevo líder no depende del número que asiste a la célula. En cambio el nuevo líder es enviado fuera como un misionero de la célula madre para plantar su propia célula. El nuevo líder podría tomar uno o dos de la célula madre, pero esa persona es animada a empezar su célula inmediatamente. El nuevo líder mantendrá su relación con el líder de la célula madre –pero ahora en calidad de discípulo–. Esto hace que la multiplicación celular sea más fácil y más eficaz.

Tim Scheuer, un plantador de iglesias con el Ejército de la Iglesia, escribe acerca de su transición G-12: «Las células tienen más variedad y más posibilidades en cuanto a la manera de comenzar los grupos, quién los dirige y cuándo se reúnen. Ahora los grupos pueden empezar dondequiera y de la manera que quieran. Antes estábamos limitados por el legalismo de la iglesia celular».[2]

PRINCIPIO FUNDAMENTAL # 3: TODOS LOS QUE ENTRAN EN LA IGLESIA SON LÍDERES POTENCIALES

La historia se cuenta de Miguel Ángel que pasaba al lado de un enorme pedazo de mármol que estaba al costado del camino. Otro escultor se había descorazonado con el mármol y lo había desechado. Miguel Ángel miraba fijamente ese pedazo de mármol. Siguió examinándolo fijamente hasta que uno de sus amigos se puso impaciente y dijo: «¿Qué se quedó mirando?» Miguel Ángel levantó la cabeza, y dijo: «Estoy viendo un ángel». Él podía ver algo maravilloso y que valía la pena en un pedazo de piedra quebrado.

La meta señalada de MCI es transformar a cada nuevo convertido en un líder de célula dinámico.[3] MCI busca convertir cada pedazo roto de arcilla en un ángel. Quizás ésta es la razón principal por la que MCI ha experimentado un éxito tan asombroso. El Pastor Castellanos aconseja a sus líderes celulares que vean en cada miembro de su célula un futuro líder de célula. No importa cuán bajo o quebrantado esté por causa del pecado, Castellanos cree que Dios es Todopoderoso y capaz de hacer algo hermoso en cada miembro de MCI.

Algunos pastores y líderes creen que sólo aquellos que tienen el don de la evangelización o el don para el liderazgo son capaces de dirigir un grupo celular. La meta es descubrir «a los dotados» en la congregación y entonces entrenarlos para dirigir los grupos celulares.

Mi estudio estadístico de más de 700 líderes celulares apoya las convicciones del Pastor Castellanos. Mi investigación reveló que la «unción» de evangelizar eficazmente y multiplicar un grupo pequeño no está limitado a unos pocos escogidos. Los introvertidos, los que tenían un menor nivel cultural, y los que estaban en los estratos sociales más bajos tenían tanto éxito como sus colegas. Los que tenían un cierto don del Espíritu, como por ejemplo el de la evangelización, tampoco esto diferenciaba a los que podían multiplicar sus células de los que no lo podían hacer. Los líderes celulares exitosos no dependen solamente de sus propios dones. Ellos confían en el Espíritu Santo al guiar todo el grupo para alcanzar a sus familias, amistades y conocidos.[4]

Después de haber estudiado el modelo G-12 y de haber notado cómo cada miembro se convierte en un líder celular, yo animo a los líderes celulares para ver a todos los miembros celulares como «líderes celulares potenciales» y patrocinar a todos ellos para llegar a ser futuros líderes. Yo he notado que hay demasiados «líderes celulares auxiliares» que no hacen nada más que ocupar un título. Cuando una o dos personas llevan ese título a menudo impide que otros miembros asuman el papel de líder celular. Harold Weitsz, pastor del Centro Cristiano Little Falls en Sudáfrica, señala este mismo pensamiento cuando escribe: «Nosotros ya no hablamos de "miembros celulares", sino de aprendices para llegar a ser líderes celulares».[5]

Es cierto, no todos dirigirán un grupo, por varias razones. Pero tan pronto como un sistema de pequeños grupos queda infectado con el pensamiento que sólo determinadas personas pueden dirigir un grupo, habrá una gran cantidad de mármol roto a la vista en la iglesia, clasificada para siempre como incapaz.

PRINCIPIO FUNDAMENTAL # 4: SE ESPERA QUE TODOS LOS CREYENTES REALICEN EL ENTRENAMIENTO PARA SER LÍDERES DE UNA CÉLULA

El principio #3 (que todos sean líderes de células) y el principio #4 (todos entrando en una senda de entrenamiento) son inseparables. Cuando una iglesia concluye que cada miembro celular es un líder celular potencial, el resultado lógico es entrenar a cada persona para, llegado el momento, dirigir un grupo celular.

Castellanos declara a menudo que desea preparar a todos los miembros para dirigir y llevar fruto, no sólo para sentarse para ver que otros hagan el ministerio. Él dice: «Nuestra meta no es reclutar a los miembros celulares, sino entrenar líderes».[6] En cuanto un nuevo convertido comienza a asistir a MCI, esa persona es puesta en la senda de entrenamiento que finaliza en el liderazgo celular. Estar involucrado en MCI significa entrar en la senda de entrenamiento. Si alguien es un miembro en MCI y se niega a entrar en el entrenamiento para llegar a ser un líder celular, esa persona siempre puede encontrar otra iglesia que le permitirá asistir al culto del domingo y nada más.

El ejemplo de MCI está ayudando a muchas iglesias para ver la necesidad de una clara senda de entrenamiento para preparar a cada miembro para el liderazgo celular. Tim Scheur, plantador de iglesias con el Ejército de la Iglesia escribe: «El cambio [al modelo G-12] nos motivó para poner nuestra senda de entrenamiento en orden porque ahora vemos a todos como líderes».[7]

PRINCIPIO FUNDAMENTAL # 5: CADA LÍDER ES UN SUPERVISOR POTENCIAL

Si entiende este principio, usted ha asido el corazón del modelo G-12. Este principio quita el velo de misterio que tan a menudo encubre el modelo G-12. En lugar de la palabra «supervisión», MCI usa la palabra «discipulado». Usted podría usar la palabra pastoreo. La idea es la misma.

Puesto de una manera sencilla, el modelo G-12 le pide a cada líder de una célula madre que supervise a esos nuevos líderes que salen de la misma. Los supervisores no son nombrados en el modelo G-12. Nadie está esperando un «llamado» para llegar a ser un supervisor.[8]

La belleza del sistema G-12 es que está conectada a la motivación personal de cada líder individual. Todos los líderes enérgicos, de empresa, pueden subir tan alto como su éxito los lleva. Pueden supervisar (discipular) tantos nuevos líderes como su tiempo y talentos les permitan. El cielo es el límite para esos líderes que desean lograr más. Nadie está esperando un nombramiento. Usted siega lo que usted siembra, en el sistema G-12.

Durante años en la Iglesia de la República en Quito, Ecuador, nombrábamos supervisores para rotar entre los grupos celulares. Después de todo, la mayoría de las iglesias celulares hacían lo mismo.

Ahora le damos «luz verde» a cada líder celular para llegar a ser un supervisor. «Cada uno de ustedes es un supervisor», les decimos. «Todo lo que tienen que hacer es multiplicar su grupo, y entonces supervisarán el nuevo grupo (o grupos), bajo su cuidado».

Vinicio Reyes fue nombrado como supervisor bajo nuestro sistema celular anterior. Vinicio rotaba entre cinco grupos. Cuando comenzamos a usar los principios G-12, Vinicio estaba en la misma situación como todos los demás. Él tenía que demostrar sus posibilidades, al igual que los otros. Ahora él tiene que multiplicar su grupo celular. Después de multiplicar su grupo celular, Vinicio supervisaba con naturalidad (discipulaba) los líderes de las células hijas que surgían de su propio grupo. Actualmente, Vinicio está supervisando dos líderes celulares y tiene la meta de supervisar cinco para fines de este año (1999).

Principio fundamental # 6: Una persona llega a ser un discípulo cuando abre una célula

Cada líder celular necesita ayudar a los miembros del grupo a través del proceso de entrenamiento, pero por último, un discípulo es uno de sus 12 solamente cuando llegue a tener su propio grupo celular. Esto mantiene el énfasis en la multiplicación y no en un proceso introvertido e interminable de perfeccionamiento.

Principio fundamental # 7: A todos se nos debe ministrar para poder ministrar

El principio 5 quita el velo del misterio detrás del sistema G-12, mientras que el principio 7 lo simplifica. A menudo, las personas caen en el error de definir el sistema G-12 por medio de varias reuniones. Ellos lo adoptan o lo rechazan basándose en la posibilidad o no de que su iglesia pueda agregar otra reunión.

Este pensamiento no mira más allá de la metodología G-12 a los principios G-12. La metodología es el número de reuniones. El principio es que *a todos se les debe ministrar para que ellos puedan ministrar*. Ya sea que usted necesite tres reuniones por semana (MCI), dos reuniones por semana (COMB), 1,5 reuniones por semana (Iglesia de la República)[9] o su propia variante, usted debe ministrar a los ministros si es que ellos van a seguir ministrando.

El número de reuniones no es el problema. La pregunta clave es si sus líderes celulares están recibiendo suficiente cuidado pastoral y ministerio. Determine qué se necesita para lograr la meta de cuidar a los líderes de las células y ponga ese sistema a funcionar. No se quede estancado en cuanto al número de reuniones.

Otros principios de apoyo

Junto con los principios fundamentales que yo considero «universales» del sistema G-12, hay otros principios de apoyo que algunos han adoptado del modelo G-12. La razón por la cual yo los considero principios de apoyo es porque no son necesariamente una exclusividad de MCI.

El entrenamiento para el liderazgo debe recibir la mayor prioridad

Éste es un principio de MCI, pero no es exclusivo de MCI. La mayoría de las iglesias celulares en el mundo dan énfasis a esta verdad. Quizás, MCI lo ha hecho más personal. Cada líder celular, en otras palabras, muestra su interés personal garantizando que los recién convertidos pasen por el entrenamiento de liderazgo. ¿Cuál es ese interés personal? El deseo de encontrar doce discípulos. El deseo sincero (y hasta la competencia natural) de tener muchos discípulos mueve a cada líder para desarrollar tantos líderes potenciales como sea posible.

El entrenamiento para el liderazgo debe ser simplificado y acelerado

El problema en muchos programas para el entrenamiento de líderes celulares es que los líderes potenciales se pierden en el proceso. Quizás no hay suficientes opciones para entrenar a los líderes potenciales. Quizás, el curso de entrenamiento es tan largo que el potencial líder fracasa por tener otros compromisos.

En MCI, el entrenamiento para el liderazgo es eficaz porque está simplificado y es fácil de lograr. Todos saben los requisitos y saben que los pueden cumplir.

LAS CÉLULAS HOMOGÉNEAS SON PREFERIBLES A LAS CÉLULAS GEOGRÁFICAS

Esto es un hecho en MCI pero no es un principio. MCI está guiando el camino debido a su influencia, pero no es la primera iglesia celular en dar énfasis a las células homogéneas. La Iglesia Bautista Comunidad de Fe (Singapur) siempre ha basado una porción grande de sus células en agrupaciones homogéneas. En la IBCF hay células para los discapacitados, células del ministerio de música, células de jóvenes, etc.

Nosotros en la Iglesia de la República siempre hemos organizado nuestras células según las divisiones homogéneas, en lugar de los límites geográficos. Así, ni siquiera llegamos a reconocer la estructura homogénea en MCI.

Obviamente, el apartarse de las estrictas divisiones geográficas revolucionó MCI.[10] Esta verdad continúa teniendo un fuerte impacto en otras iglesias, y creo que se puede decir sin temor a equivocarme que las iglesias celulares en todo el mundo se están moviendo hacia las células homogéneas.

CUALQUIER LÍDER CELULAR EXITOSO PUEDE ASCENDER A POSICIONES MAYORES

En el sistema establecido de Cho, parecía que uno tenía que pasar varios obstáculos para alcanzar una posición más alta en el liderazgo. Con el sistema G-12, la prueba está en el budín. Si usted multiplica líderes que a su vez multiplican líderes, el resultado será que tendrá muchas, muchas células bajo su cargo. De hecho, la persona que alcanza 250 puede obtener un puesto de medio tiempo junto al personal de MCI. Se puede lograr y todos empiezan en el mismo nivel.

En el sistema de Cho, no hay mucha motivación una vez que alguien alcanza la posición, digamos, de pastor de distrito. En el sistema G-12, nunca se deja de contar. Por ejemplo, usted siempre sabrá cuántos grupos celulares tiene Freddy Rodríguez o Luis Salas, aun cuando ese número sea más de 2000.

Sus co-líderes llegan a ser sus ayudantes

César dice que cualquiera de sus doce podría ocupar su lugar si él se fuera de la iglesia. Después del intento de asesinato, el pastor Castellanos fue obligado a permanecer en Houston, Texas, durante siete meses. Uno de sus ayudantes empezó a dirigir la iglesia. Cuando César se fue habían 10.700 grupos celulares, y cuando volvió habían alrededor de 17.000. Aun sin él, el número de células explotó. El éxito de MCI no gira en torno a una persona.

Castellanos da este consejo: «Cuando usted sale para predicar a alguna parte, deje a uno de sus doce a cargo de la obra».[11] El liderazgo superior en MCI enfatiza la importancia de delegar su ministerio, ya que la meta es desarrollar un equipo de doce. MCI comprende que para crecer, ellos deben desarrollar nuevos líderes continuamente.

Ponga el motor en marcha y apunto

Así como el motor hace que un *Corvette* hermoso funcione, los principios ponen en funcionamiento el modelo G-12 de MCI. Las buenas noticias son que no necesita ir a Bogotá para usarlos. Aplique estos mismos principios ya señalados a su situación particular y de hecho aumentará la eficacia de su ministerio.

CAPÍTULO 8

NUEVOS SENDEROS DE FUEGO

En 1792 un pastor inglés desconocido, que era maestro durante una parte de su tiempo, y también zapatero, causó una revolución. Su nombre era Guillermo Carey. Él se negó a aceptar la enseñanza que estaba en boga en ese momento que la Gran Comisión ya no era relevante para la iglesia. Cuando tuvo la oportunidad de dirigirse a un grupo de ministros, él los desafió a dar una razón de por qué la Gran Comisión no se aplicaba a ellos. Entonces le reprendieron, diciendo: «Cuando Dios escoja alcanzar a los paganos, Él lo hará sin su ayuda o la nuestra». Sin embargo Carey creía tan fuertemente en su visión que llegó a ser parte de él y viajó como misionero a India, lanzando así el movimiento misionero moderno.

Pocos poseen la intrepidez para lanzarse a lo profundo, dejando atrás la sabiduría convencional para abrir caminos nuevos. La mayoría de las personas prefiere seguir el *status quo* –lo probado y verdadero.

James Kouzes y Barry Posner en su libro *The Leadership Challenge* (El Desafío del Liderazgo), dicen lo siguiente: «Los líderes se aventuran a salir. Los que conducen a otros hacia la grandeza buscan y aceptan el desafío. Los líderes son pioneros –personas que están dispuestas a dar un paso fuera de lo conocido–. Están dispuestos a correr riesgos, a innovar y experimentar para poder hallar maneras nuevas y mejores para hacer las cosas».[1]

Tanto David Yonggi Cho como César Castellanos son ambos pioneros innovadores. Los dos abrieron caminos nuevos que la iglesia celular está siguiendo ahora en todo el mundo. Al igual que Carey, estos líderes de la iglesia se negaron a aceptar el *status quo* y siguieron sus propias convicciones. El propósito de este capítulo es ayudarle a abrir su propio camino –para adaptar los principios que funcionan mejor para usted–. En los capítulos 10 y 11, usted leerá cómo doce iglesias han aplicado los principios del modelo G-12 en su propio contexto. En este capítulo usted entenderá los puntos fuertes y débiles, tanto del modelo 5x5 (Cho), como del modelo G-12 (Castellanos). Después de comparar las sendas que estos dos hombres de Dios han trazado, mi consejo es que usted se apropie del mejor y aplique los principios que funcionan para usted.

Similitudes de los dos modelos

El camino que MCI forjó no es completamente nuevo. Hay muchas similitudes, de hecho, entre el sistema G-12 en MCI y el modelo 5x5. Ambos modelos, por ejemplo, son similares en propósito: para dar apoyo, cuidado y liderazgo a los líderes de las células. En ambos sistemas, el grupo celular es el mismo. Las células utilizan el mismo orden, se concentran en el discipulado y la evangelización, y se basan en la enseñanza del pastor principal.[2] Ambos modelos consideran el ministerio celular como la columna vertebral de la iglesia, la manera principal para pastorear la congregación, levantar nuevos líderes y evangelizar a los que no son cristianos. La meta en ambos sistemas celulares es integrar a los miembros de las células en la vida de la iglesia local.

Diferencias entre los modelos

Desde otro punto de vista, el 5x5 y el modelo G-12 son diferentes. El modelo 5x5 es más *jerárquico* y *hace pesar más la autori-*

dad. Los puestos y los títulos son claros y distintos, y todo el sistema es más fácil de entender y controlar. Bajo este sistema, un supervisor cuida a cinco líderes celulares; un pastor de zona dirige 25 líderes celulares; y un pastor de distrito supervisa aproximadamente a 125 líderes celulares. Una zona tiene aproximadamente un promedio de 250 personas en 25 células, y un distrito cuenta con 1.250 personas en 125 células. (Estas cifras exactas de 5x5 no se siguen estrictamente en todos los modelos celulares.)[3]

Incluso las oficinas en la estructura 5x5 marcan claramente las diferentes posiciones y los territorios geográficos para cada distrito, zona y sector de la ciudad. Claridad, control y la jerarquía de los líderes caracterizan el sistema 5x5. La estructura es semejante a esto:

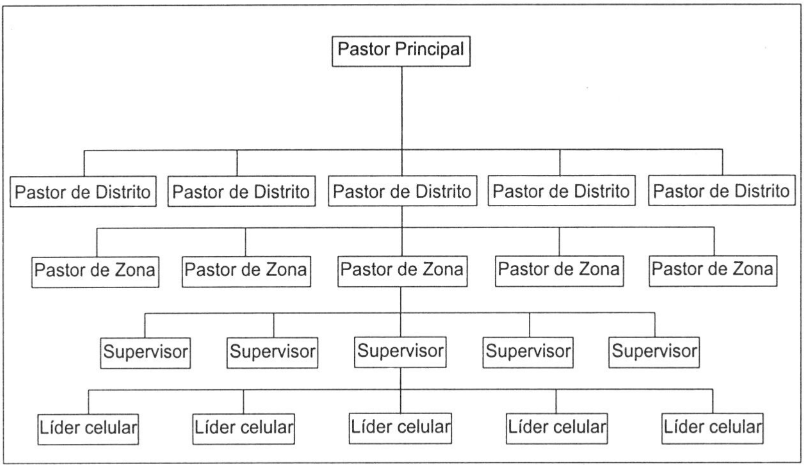

En el modelo 5x5 existe la necesidad de tener un personal bastante grande de obreros a sueldo en la iglesia. Cuando alguien recibe un salario por trabajar todo el tiempo en el ministerio, queda libre para realizar más de lo que sería posible si fuera tan sólo una tarea voluntaria, pero también cambia la naturaleza de la relación entre el miembro del personal a sueldo y la persona supervisada.

En cambio, la estructura G-12 es un *sistema subterráneo.* Como el complejo sistema subterráneo de las raíces de un gigantesco roble, la administración G-12 funciona debajo de la superficie. Hay muy pocos títulos en esta estructura. Los pastores del personal que también dirigen los departamentos homogéneos son los únicos puestos pagados. Los demás obreros son voluntarios. La estructura G-12 se parece a lo siguiente:

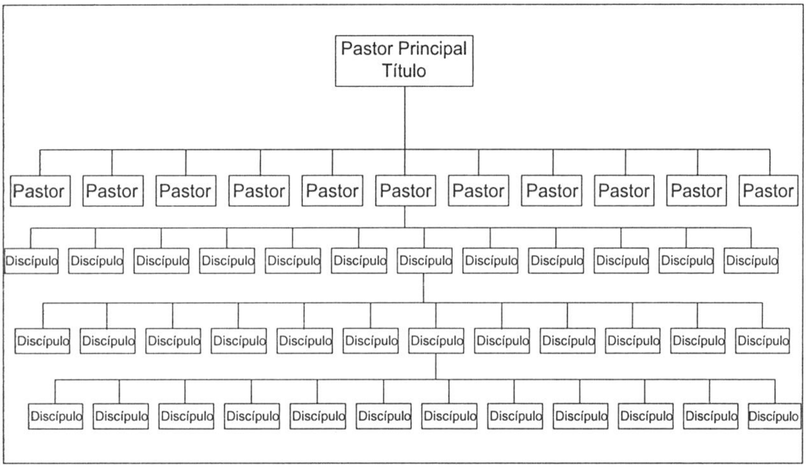

Una representación más dinámica se parece a esto:

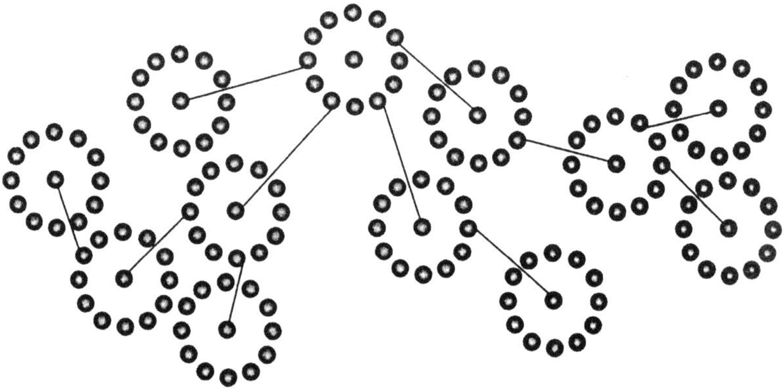

En el modelo 5x5, la supervisión es asumida predominantemente por individuos que han servido como líderes celulares, pero que han sido *trasladados de estar involucrados activamente en la célula* para desarrollar un papel más preponderante como supervisores. Aunque continúan asistiendo a las células, lo hacen con una capacidad diferente.

Ellos están allí principalmente para observar, para analizar, para animar y para exhortar. Como van de una célula a otra, les resulta difícil mantener una relación íntima y profunda dentro de la célula o de participar activamente en la célula de una manera significativa.

En el modelo G-12 la mayoría de los obreros *continúan dirigiendo* una célula, mientras pastorean/discipulan a otros líderes celulares. Sin tener en cuenta su estatura o posición en la iglesia, ellos continúan teniendo la experiencia semanal de participar en una célula.

En el modelo G-12, *los grupos celulares multiplican por toda la ciudad*. Están limitados por la homogeneidad y no por la geografía. Incluso en una pura estructura 5x5, *la multiplicación de los grupos celulares debe ocurrir dentro de los límites geográficos*. (El modelo 5x5 permite la homogeneidad dentro de los límites geográficos.) Si una célula en el Distrito 3, Zona 1, sector 4 multiplica en Zona 2, sector 3, dicha célula viene bajo el liderazgo de otro pastor de zona y supervisor. Éste no es el caso en el modelo G-12. Las células juveniles, las células de hombres y las células de mujeres, pueden multiplicar por toda la ciudad.[4]

FORTALEZAS DEL MODELO 5X5

MÁS CONTROL DE CALIDAD

La estructura 5x5 continúa agregando liderazgo de mayor nivel a medida que crece el sistema celular. Por cada cinco unidades (células, sectores, zonas, distritos) se agrega nuevo liderazgo de mayor nivel. Esto ayuda a mantener el control de la calidad.[5]

GRUPOS CELULARES MÁS SALUDABLES

Los grupos celulares en el modelo 5x5, por lo general, son más saludables. Dos factores hacen que esto sea posible: En primer lugar, hay una proporción mayor de supervisión: un supervisor por cada cinco células en lugar de un discipulador por cada doce células. En segundo lugar, los grupos celulares comienzan con un número fijo de personas. El énfasis está en la multiplicación madre-hija, en lugar de la plantación de las células. Así, cuando la célula empieza, ya hay una «conciencia de grupo». En el modelo G-12 esta «conciencia de grupo» a menudo no ocurre enseguida.

FÁCILMENTE ENTENDIDO

Este modelo ha existido por más tiempo y se entiende más fácilmente. Con el énfasis en las posiciones, títulos y delineación geográfica específica, la mayoría de las personas lo entiende inmediatamente. Parte de la razón para dicha claridad es la habilidad de trazar cada aspecto del sistema. En las iglesias 5x5, enormes oficinas de distrito marcan la ubicación de todos los obreros. Con sólo una ojeada, usted puede reconocer este sistema.

MÁS ÉXITO EN EL SEGUIMIENTO DEL PROGRESO

En el modelo 5x5, es posible mantener archivos actualizados de todas las actividades. Puesto que este sistema desarrolla niveles más altos de liderazgo a medida que crece el sistema, estos líderes pueden dedicar más tiempo a compilar y analizar los datos. Esta información le permite al personal entender mejor la situación y realizar las correcciones según sea necesario.

DEBILIDADES DEL MODELO 5x5

CIERTOS MIEMBROS TIENEN EL COMETIDO DE DIRIGIR LOS GRUPOS CELULARES

Generalmente, en el modelo 5x5 se eligen ciertos miembros capacitados como líderes pasando por encima de otros. El concepto de «cada miembro un líder» no se practica. De nuevo, el énfasis en los títulos (supervisor, líder, líder auxiliar, organizador, etc.) separa a los líderes de los no-líderes. Las personas talentosas y dotadas entran en el entrenamiento para llegar a ser líderes y este tipo de selección continúa en los niveles más altos del liderazgo, en la estructura del liderazgo jerárquico.

DEMASIADA JERARQUÍA

El peligro en el modelo 5x5 es la inactividad de los «gerentes medios» (supervisores, pastores de zona, pastores de distrito). A menudo, los que se encuentran en tales posiciones pierden contacto con la vida celular porque se concentran en dirigir a los líderes celulares en lugar de estar activamente involucrados en el ministerio. La visión de Larry Stockstill es útil:

> Estados Unidos se ha apartado de los mandos medios. Algunas estructuras celulares dan énfasis a estos mandos medios y establecen una estructura del tipo corporativa (pastor de distrito, pastores de zona, etc.). Los tres niveles sólo están supervisando y no están ganando almas. Todos los niveles deben estar ganando almas. Nadie debe sentarse para atrás y no hacer nada. Todos en la iglesia deben estar ganando almas. Todos.[6]

Separación de las relaciones

En el modelo 5x5, el proceso de la multiplicación celular provoca un rompimiento en las relaciones. Se separan personas dentro de los grupos celulares que gozan de una amistad muy fuerte cuando el grupo multiplica. La nueva célula queda bajo la jurisdicción del supervisor de la zona, no del líder celular original.

Multiplicación dentro de los límites geográficos

En el modelo 5x5 geográfico, si un grupo está listo para dar nacimiento y el nuevo líder vive en una zona diferente, éste se vería obligado a estar bajo la supervisión de otro líder de zona, y de este modo se separarían los lazos con la célula madre. Debido a esta separación, el líder de la célula madre pierde contacto con esa nueva célula.

Los miembros celulares están restringidos a ganar a los vecinos y contactos que viven en la misma zona geográfica. Sin embargo, las amistades en esta sociedad que cambia tan rápidamente se desarrollan a menudo en el lugar de trabajo, en la universidad, o en un restaurante. Neighbour dice: «La dificultad con una estructura geográfica es que las personas a menudo no tienen ningún contacto natural con sus vecinos y llega el tiempo cuando se les terminan los contactos *oikos* (círculo de amigos) que pueden ser alcanzados».[7]

Fortalezas del modelo G-12

Cada persona es un líder

El sistema G-12 está diseñado para los líderes en vías de desarrollo. Requiere el compromiso de creer en el sacerdocio de todos los creyentes a un nuevo nivel. El entrenamiento está diseñado para preparar a todos para el liderazgo y a nadie se le permite quedar a un lado y ser sólo un observador.

LAS RELACIONES SE MANTIENEN

Como el líder que multiplica su célula dirige el nuevo grupo, se mantienen las relaciones entre los grupos celulares. En este sistema tiene lugar la multiplicación sin división. El líder de la célula madre mantiene una cercana relación con el nuevo líder celular e incluso lo invita a volver a la célula madre. Ya que no hay ningún estorbo geográfico en el modelo G-12, las células pueden multiplicar en toda la ciudad sin llegar a estar bajo la vigilancia de otro líder.

MENOS JERARQUÍA

Este modelo requiere menos jerarquía y puede llevarse a cabo en un nivel popular. El modelo G-12 puede crecer más exponencialmente porque se necesita menos estructura externa para que funcione. Cada líder puede llegar a ser un supervisor. Los líderes no tienen que ser promovidos para ocupar una posición de liderazgo oficial. Todos los líderes pueden ascender a la altura de su talento y éxito.

MÁS ADAPTABLE

El modelo G-12 es un modelo fluido que puede conectarse a cualquier tipo de estructura. Por ejemplo, si usted escoge organizar sus células según la geografía, usted todavía podría usar el sistema G-12. Si usted escoge organizar las células según agrupaciones homogéneas o departamentos del ministerio, los G-12 funcionan muy bien. Una fortaleza importante es su adaptabilidad. Esto no es verdad del modelo 5x5 en el que las posiciones de liderazgo incluso se nombran según las divisiones geográficas (siervo de zona, pastor de distrito, etc.).

SE REQUIERE MENOS PERSONAL

Algunos señalan que el modelo G-12 requiere menos personal. MCI, por ejemplo, no contrata un pastor de tiempo completo hasta que tenga 500 grupos celulares. El modelo G-12 se presta más para una estructura de cuidado más básico, reduciendo de este modo la necesidad del personal asalariado. Es verdad, sin embargo, que incluso en la estructura 5x5 usted necesariamente no necesita pagar a los líderes de niveles más altos. La Iglesia Amor Viviente en Tegucigalpa, Honduras, que tiene 1000 células, usa la estructura 5x5, pero espera el servicio voluntario de todos los pastores de zona. La iglesia no proveyó sostén financiero a sus cuatro pastores de distrito hasta 1996.

LA MULTIPLICACIÓN OCURRE MÁS RÁPIDAMENTE

La multiplicación ocurre más rápidamente y existe el mayor potencial para la multiplicación incesante de los grupos celulares (algunos tienen más de 1.000). No hay límites para la multiplicación en el modelo G-12.

DEBILIDADES DEL MODELO G-12

MAYOR COMPROMISO DE TIEMPO

El modelo G-12 requiere un mayor compromiso de tiempo. Se les solicita a los líderes de la célula madre que supervisen a los que están comenzando nuevos grupos, y de esta manera se requiere dedicar más tiempo. El sistema G-12 de MCI requiere tres reuniones por semana. Esto es un gran inconveniente para muchos –sobre todo en Estados Unidos–. Mike Atkins, el pastor principal anterior de la Iglesia de las Naciones, escribe lo siguiente:

> Este desafío difícil parece consistir en convencer a las personas que nunca han experimentado la vida celular que ellos tendrán la recompensa suficiente como para estar dis-

puestos a invertir dos períodos de su tiempo por semana en una participación activa y personal. Sin duda, habrá aquellos cuyos estilos de vida o prioridades simplemente no les permitirá comprometerse para dar este tiempo. Para otros, será un asunto de permitirles que experimenten las células; el gozo y la experiencia con sus recompensas serán suficientes para convencerles cuando llegue el momento de pedirles que asuman el compromiso de dirigir una célula también.[8]

Control de calidad

El organigrama en el sistema G-12 fluye en forma descendente y los nuevos niveles de liderazgo no se añaden para mantener el control de calidad. El control de calidad puede por lo tanto fallar con la multiplicación de los grupos celulares en los niveles inferiores. Por el otro lado, el modelo 5x5 agrega constantemente liderazgo de mayor nivel con el crecimiento del sistema. Uno de los doce de Castellanos, Rafael Pérez, admite que esa degeneración tiene lugar dentro del modelo G-12. Los doce originales entienden la visión. Cuanto más lejos está un discípulo de su discipulador original, tanto más falla la pureza de la visión.

Para empeorar este problema, algunas iglesias G-12 carecen de informes estadísticos claros y consistentes.[9] Debido a que las células que multiplican tan lejos escapan a la atención del personal pastoral, es difícil de obtener información clara y actualizada de lo que está ocurriendo en los niveles inferiores.

Grupos celulares más débiles

Dado que el sistema G-12 le pide a cada miembro de la célula que empiece un grupo celular (a menudo desde el principio), las células tienden a empezar con una o dos personas solamente.

Por lo tanto toma más tiempo para que una célula desarrolle una conciencia de grupo. Algunas de estas células nuevas nunca llegan a este nivel en el grupo y desaparecen o dejan de reunirse.

PERMANENCIA DEL DISCÍPULO

El modelo G-12 también le pide a cada persona que encuentre 12 discípulos permanentes. Hay quienes podrían dudar en comprometerse con un grupo de discipulado permanente. ¿Por qué? Por el deseo de mantener su libertad personal y por no querer estar bajo el control de otra persona en una relación de discipulado.[10]

ESCOGIENDO ENTRE LAS ALTERNATIVAS

La percepción retrospectiva es más clara que la previsión. Los senderos que David Cho y César Castellanos abrieron para la iglesia hace que sea más fácil para nosotros ver el camino que queda por delante. Sin embargo, usted no tiene que comprometer su iglesia con el modelo 5x5 o el modelo G-12. Yo recomiendo, más bien, que usted base su transición en principios, en lugar de basarla en las estructuras externas. Tome el mejor de ambos mundos y entonces abra su propio sendero.

CAPÍTULO 9

ADVERTENCIA: LAS MINAS DE G-12

Juan Buckley, escultor y pintor, visitó Camboya en 1991. Después de ganar interés en su historia turbulenta, viajó a Phnom Penh, la ciudad capital, para conocer los efectos de 25 años de guerra en una nación que se esforzaba en su reconstrucción. Habiendo viajado al comienzo para hacer una serie de dibujos, se involucró en cambio en los hospitales de la capital, enyesando y colocando miembros artificiales en las víctimas de las minas. Él escribe: «El sol en mi espalda, el cielo azul, hermosas plantas tropicales, la tierra rojiza, las olas de luz en los arrozales, la selva... todo era memorable. Y sin embargo me quedé paralizado. Me marché con un sentimiento, una imagen –la agonía de los que habían perdido sus miembros por causa de las minas».[1]

Las minas son una de las invenciones más horribles de la guerra moderna. Todavía significan un tremendo riesgo en Camboya y se deben tomar medidas preventivas. Este capítulo le ayudará a evitar las trampas y minas que podrían descarrilar su experimento G-12.

MINA #1: ADOPTANDO LOS G-12 ANTES DE ESTABLECER LOS VALORES DE LA IGLESIA CELULAR

Esta mina es sutil. Usted no la verá porque toca el reino invisible de los valores en la iglesia celular. Si usted adopta el modelo G-12 antes de establecer los valores de la iglesia celular, quedará decepcionado cuando sus células se debiliten. Hasta es posible que culpe al modelo G-12 por dicho fracaso.

¿Cuáles son esos valores bíblicos que son importantes en el ministerio de la iglesia celular? Uno de ellos es el valor del sacerdocio de todos los creyentes. Esta verdad abre la puerta a las posibilidades para todas las personas en su iglesia. Cada persona tiene gran valor y tiene el potencial de dirigir una célula y pastorear la grey. César Castellanos dice:

> El alcance de la visión de la iglesia ha sido posible por la estrategia celular. En nuestras reuniones dominicales se convierten entre 500 y 1000 personas, pastorearlas como ellas requieren sería imposible si no existieran las células. En estos grupos... el líder actúa como un pastor que enseña y despeja las dudas del nuevo creyente ayudando al crecimiento de la iglesia sin que ésta sea afectada en nada.[2]

Si una iglesia se cierra al concepto del ministerio de cada miembro, y cree que debe depender de *el pastor* para cuidar a los miembros, la implementación del sistema G-12 no producirá el crecimiento deseado. Primero deberá implementar el valor que cada miembro de la iglesia es un ministro.

El compromiso con la comunidad es otro valor importante en la iglesia celular. Si usted simplemente agrega el modelo G-12 en una iglesia tradicional (orientada al cumplimiento de programas, tendrá problemas. De nuevo, César Castellanos dice:

> Las células no son un programa de la iglesia, Son el programa de la iglesia, todo cuanto se haga debe girar en torno a ellas. Nos dimos cuenta de que las células hacían de nuestra congregación una iglesia viviente con penetración en todas las esferas sociales. En cada rincón de la ciudad de Bogotá hay una célula de la Misión Carismática Internacional funcionando como mínimo una vez por semana bien sea en casas, oficinas, talleres, etc.[3]

Primero debe hacer que sus células sean la comunidad básica en su iglesia. Usted debe proteger sus células de la innumerable cantidad de programas que competirán con ellas. Después que estos valores se establecen firmemente en la iglesia, el modelo G-12 le ayudará a fortalecer y poner a punto su iglesia celular.

Otro valor de la iglesia celular es el compromiso para evangelizar a través de la multiplicación de los grupos celulares. Si su iglesia, por ejemplo, carece de un compromiso en la evangelización y multiplicación de los grupos celulares, agregar el modelo G-12 no hará que su iglesia esté más orientada a la evangelización.

MINA #2: DAR PRIORIDAD A LOS GRUPOS G-12 POR ENCIMA DE LOS GRUPOS CELULARES

La estructura G-12 ayuda para que los grupos celulares permanezcan saludables. Es como el andamiaje de un edificio. El andamiaje sostiene a los obreros que están construyendo el edificio. Pero el enfoque siempre es en el edificio y no en el andamiaje. El enfoque en el modelo G-12 siempre debe ser la célula.

Nunca se le debe permitir al sistema G-12 desarrollar una vida propia y competir con la célula. Su iglesia *no debe* ser conocida como una iglesia G-12. Debe ser reconocida como una iglesia celular.

Se deberá evitar todo lo que compite con el enfoque en la célula –incluyendo el modelo G-12–. Sé de algunas iglesias que promueven reuniones celulares bimestrales para tener reuniones G-12 bimestralmente. Esto podría ahorrar tiempo, pero entonces se estaría manoseando la vida celular. Ralph Neighbour dice: «¡En cuanto a mí concierne, los G-12 son una estructura de liderazgo y de ninguna manera reemplaza la célula como la comunidad cristiana básica!»[4] Sus grupos celulares siempre deben ser su enfoque; *el sistema G-12 es una manera de cuidar a sus líderes celulares; no es un sistema que corre paralelo a las células para competir con ellas.*

Conozco otra iglesia celular que cuenta sus reuniones G-12 como grupos celulares. Cuando anuncian el número total de grupos celulares en la iglesia, incluyen los grupos G-12. Yo le aconsejaría que no hiciera esto. Un grupo G-12 no es un grupo celular. El grupo G-12 es un grupo para el cuidado pastoral/discipulado de los líderes celulares, pero no es la célula. La célula siempre debe ser el fundamento de su iglesia.

MINA #3: CONTROLANDO A OTROS

Este movimiento pastoral floreció en la década de los 70. Se pusieron pastores sobre pequeños grupos para cuidar de las ovejas. Este movimiento buscaba corregir la falta de discipulado en la iglesia. El enfoque correcto de cuidado y discipulado se degeneró pronto en la incorrecta motivación de poder y control. La sujeción forzada reemplazó la libertad personal y muchas personas cayeron de cabeza en la esclavitud.

No caiga en la trampa de intentar controlar a las ovejas. No ponga a nadie bajo su esclavitud o su discipulado.

«Discípulo» en literatura antigua quiere decir alumno o aprendiz. El sustantivo griego «discípulo» es un derivado del verbo griego que significa «aprender». En el mundo griego los filósofos estaban rodeados por sus alumnos. Los judíos decían ser discípulos de Moisés (Juan 9:28); los seguidores de Juan el Bautista eran conocidos como sus discípulos (Marcos 2:18; Juan 1:35). La palabra «discípulo» vino a significar uno que se adhería a una forma particular de religión o filosofía.

Jesús tenía sus discípulos (seguidores) también. A veces esta palabra se refiere a los que respondieron a Su mensaje (Mateo 5:1; Lucas 6:17; 19:37), mientras que en otros momentos se refirió más estrechamente a los que lo acompañaron en sus viajes (Marcos 6:45; Lucas 8:2 y sigs.; 10:1), y sobre todo a los doce apóstoles (Marcos 3:14). Jesús enseñó a los doce pasando tiempo con ellos e instruyéndolos prácticamente mientras reflexionaban sobre la experiencia personal. Él envió a sus discípulos a hacer la obra del ministerio –predicando el evangelio, expulsando demonios, y sanando a los enfermos (Marcos 3:14 y sigs.).[5]

La palabra «discípulo» se usa 240 veces en los evangelios y 30 veces en Hechos, pero nunca se utiliza en las epístolas. Incluso en el libro de Hechos el uso principal de la palabra «discípulo» es para describir a los seguidores de Jesús, no para los seguidores de otra persona.

Nunca se utiliza la palabra «discípulo» para promover el discipulado personal. La Escritura está contra los creyentes que adelantan su propia agenda «haciendo discípulos». Pablo advirtió a los creyentes en Corinto: «Quiero decir que cada uno de vosotros dice: "yo, soy de Pablo"; "yo, de Apolos"; "yo, de Cefas"; o "yo, de Cristo". ¿Acaso está dividido Cristo? ¿Fue crucificado Pablo por vosotros? ¿O fuisteis bautizados en el nombre de Pablo?» (1 Corintios 1:12-13). Pablo advierte de nuevo en Hechos 20:30-31: «Y de entre vosotros mismos se levantarán hombres que hablarán cosas perversas para arrastrar tras sí discípulos. Por tanto, velad, acordándoos que por tres años, de noche y de día, no he cesado de amonestar con lágrimas a cada uno».

Usted debe tener una vacilación piadosa en llamar a los creyentes «sus discípulos».[6] Somos llamados para hacer seguidores de Jesucristo. La verdadera marca de un discípulo es la imagen de Cristo. El movimiento pastoral en Estados Unidos se descarrió por promover una dependencia enfermiza entre el discípulo y el líder. Su meta como discipulador es crear en su discípulo una dependencia en Jesucristo, no en usted.

Quizás para proteger la iglesia contra este error, el Espíritu Santo inspiró a los escritores del Nuevo Testamento para usar las palabras creyentes, santos y hermanos para describir a los seguidores de Jesús. En Hechos 11:26 leemos: «A los discípulos se les llamó cristianos por primera vez en Antioquía». Después de Hechos capítulo 21 la palabra «discípulo» no aparece más.

La iglesia de Jesucristo como el Cuerpo de Cristo y el templo del Espíritu Santo nació en el día de Pentecostés. Desde aquel momento, la manera de hacer discípulos era diferente. La maduración y capacitación de los cristianos sucede dentro del cuerpo de Cristo y en el templo de Dios según se manifestó en las congregaciones locales.

El modelo G-12 es una gran manera de organizar su iglesia para poder dirigir y pastorear a todos los líderes. Sin embargo, debe tenerse sumo cuidado para evitar de decir: «Juan es el discípulo de Scott», «María es discípula de Juana», y así por el estilo. No hay ninguna necesidad de distinguirse diciendo, «yo soy uno de los doce de fulano».

MCI promueve la relación del discipulado que dura permanentemente. Ellos no lo ven como un compromiso de dos o tres años. Más bien, ellos ven cada grupo G-12 como una relación entre los padres y sus hijos. Dura todo una vida.[7] La idea de permanencia es una espada de dos filos. En el lado positivo, un compromiso a largo plazo puede ser una gran bendición. En el lado negativo, podría negar la libertad de elección de la persona. Un discípulo nunca debe sentir esclavitud o carga en un grupo G-12; tampoco debe sentirse obligado a permanecer siempre en la misma relación de discipulado.

MINA #4: ESCOGIENDO UN DISCÍPULO EN LUGAR DE OTRO

Yo he oído que las personas dicen: «Cuando esté buscando a los que van a formar parte de su grupo G-12, elija los mejores y los más brillantes». Esta idea de seleccionar a una persona en lugar de otra puede ser una mina peligrosa y mortal. Si usted está dirigiendo un grupo celular y uno de sus miembros abre un nuevo grupo celular, ¿no debe esa persona automáticamente formar parte de su grupo G-12? La respuesta es un resonante, *sí*.[8]

Es peligroso decir: «Bien, no me gusta realmente esa persona, así que dejaré que otra persona la tome». Semejante actitud llevará ciertamente hacia la división.

O quizás un líder decide agregar requisitos adicionales, como ser, pasar dos horas en sus devocionales diarios, reunirse con cada discípulo por separado o ayunar dos días por semana.

Entonces, ¿qué pasa con aquellos que abren una célula bajo esa persona, pero no pueden cumplir todos los requisitos realmente? ¿Quién se ocupará de estos líderes? A menudo he oído esta respuesta: «Le daré esta persona a uno de mis discípulos». Esto parece fácil, pero la persona que no puede cumplir se sentirá invariablemente como un perdedor. Este pensamiento crea una mentalidad competitiva.

Más bien, la persona que abre una nueva célula es discipulada por el líder de la célula madre. El modelo G-12 es una manera eficaz de cuidar los líderes celulares y una manera de multiplicar las células. No permita que sean separados los superespirituales del resto.

Si está haciendo la transición de su iglesia celular al modelo G-12 y tiene varios pastores, el pastor principal debe escoger a éstos como parte de su grupo G-12. Cualquiera sea la estructura para el cuidado pastoral, en la iglesia celular el pastor principal siempre supervisa sus pastores celulares más cercanos. No es como si el pastor principal pueda decir: «Pienso que escogeré al Pastor Tomás como uno de mis doce, pero no al Pastor Ricardo». ¡Imagine la división que esto podría causar!

Esto también es verdad de los líderes celulares. Supongamos que usted quiere realizar la transición en su iglesia al modelo G-12 y ya tiene varias células funcionando. No es sabio permitir que los líderes principales seleccionen aquí y allí basándose en sus preferencias personales.

Yo sugiero, más bien, que durante el tiempo de la transición, los líderes celulares actuales sean puestos bajo líderes G-12. Por ejemplo, supongamos que Juan es un pastor de zona que tiene cinco supervisores bajo él. Esos cinco supervisores deben ser los primeros cinco de los doce de Juan. Uno de esos supervisores bajo Juan es Marcos. Marcos tiene cinco grupos pequeños bajo su cuidado. Esos cinco líderes de los grupos pequeños formarían los primeros cinco discípulos de Marcos.

Después de tomar esas decisiones iniciales basadas en las células ya existentes, cada líder celular escogería sus discípulos basado en los que empiezan nuevas células a partir de la célula madre.

MINA #5: EXIGIENDO DEMASIADAS REUNIONES

Para vender el sistema G-12 en su iglesia, usted necesitará entender esta mina, y cómo evitarla. Usted podría estropear sus oportunidades de incluso llevar a cabo la estructura G-12 en su iglesia si establece un compromiso de tiempo que las personas no pueden manejar.

Usted no debe igualar el sistema G-12 con un simple agregado de otras reuniones.

Es cierto, añadir reuniones a la mayoría de los esfuerzos en la vida producirán mejores resultados. Suponga que yo estoy enseñando una clase semestral que se reúne una vez por semana. De repente yo les digo a mis estudiantes que la clase se reunirá ahora tres veces por semana durante el mismo período. ¿Piensa usted que los estudiantes aprenderán más? No cabe la menor duda. Pero también tendrán que hacer malabares para acomodar otros compromisos –incluyendo la familia.

Por lo general (pero no siempre), dedicar más tiempo a alguna cosa produce mejores resultados, pero vivimos en un mundo lleno de compromisos. Se deben respetar dichos compromisos de sus seguidores. De nuevo, si el modelo G-12 es principalmente un modelo con un intensivo uso del tiempo, hay razón para cuestionar su validez. Probablemente se podrían agregar algunas reuniones extras a su sistema actual de grupo pequeño y obtener resultados asombrosos. Es probable que la razón que le lleva a no agregar más compromisos es porque respeta los compromisos actuales de las personas.

Los que ya son líderes celulares eficaces deben pasar tiempo de calidad desarrollando nuevas relaciones: una cena de amistad con los vecinos; la reunión de los Vigilantes del Barrio o haciendo deportes con un socio o compañero de trabajo. Y luego están los compromisos para el entrenamiento para el liderazgo que asegurará más líderes en el futuro. Los requisitos para el discipulado demasiado pesados podrían detener a los líderes futuros de su meta principal: el liderazgo celular y la reproducción.

Para reducir el concepto G-12 a más reuniones es pasar por alto los principios detrás de este sistema. En el capítulo siete, el foco es en los principios G-12, uno de los cuales es la necesidad de ministrar a los ministros. La reunión es simplemente el lugar donde ocurre el ministerio.

Después de volver de una visita a MCI, dos de nuestros pastores en la iglesia insistieron en seguir la práctica de MCI de requerir tres reuniones por semana. Sin embargo, los líderes que estaban a mi cargo ya tenían una plétora de compromisos. Mis líderes eran profesionales que trabajaban a tiempo completo, personas maduras y capaces de progresar en la vida por sí mismos.

Yo no podía exigirles semejante compromiso de tiempo. Muchos de ustedes que leen este libro son pastores. Están ocupados todo el tiempo en el ministerio. Pero las personas no ordenadas tienen otras responsabilidades. Ellos tienen sus puestos de trabajo de tiempo completo; además tienen otros compromisos nocturnos durante la semana; deben cuidar de sus familias, y tienen que dirigir su propia célula abierta.

Por otro lado, es importante que la iglesia *determine el compromiso de tiempo mínimo* para que se reúna un grupo G-12. La flexibilidad es grande, pero tiene sus límites. Si las reuniones G-12 son demasiado poco frecuentes, es dudoso que el cuidado pastoral y el discipulado sean eficaces.

MCI ha determinado que cada G-12 líder debe reunirse tres veces por semana hasta que él o ella haya encontrado sus 144. De allí en adelante, tiene sólo dos reuniones por semana.

El Centro de Oración Mundial Betania les pide a los nuevos líderes que vuelvan a la célula madre todas las semanas. Esto reduce la carga en el tiempo a dos reuniones por semana. En ese sentido, es muy positivo. Sin embargo, la debilidad de esta forma es que resulta difícil que se pueda dar el cuidado adecuado y la supervisión necesarios en un grupo celular abierto. ¿En otras palabras, el nuevo líder celular necesita realmente volver a un grupo celular abierto todas las semanas? ¿Satisfará un grupo celular abierto las necesidades de un nuevo líder celular? Quizá al principio, pero yo he descubierto que después de unos meses, el nuevo líder celular no necesita realmente regresar a la célula madre. Él o ella está contento en el nuevo grupo celular.

En la Iglesia de la República, nosotros como el equipo pastoral decidimos que un Grupo G-12 debe reunirse por lo menos una vez por mes. Por ejemplo, yo tengo siete discípulos en este momento. Debo reunirme con esos siete como un grupo por lo menos una vez por mes. Ellos deben reunirse a su vez por lo menos una vez por mes con sus discípulos. Esto significa que hay dos reuniones adicionales todos los meses para los líderes de la célula madre (líderes de G-12).

Ahora eso no significa que yo no establezca contacto personalmente con mis discípulos o que mis discípulos no se reúnan personalmente con sus discípulos. Normalmente una vez por mes yo tengo una reunión personal con cada uno de ellos, y yo les hablo a menudo por teléfono.

Usted podría hacerlo en forma diferente. Es importante que encuentre el equilibrio correcto para usted y que *se enfoque en satisfacer las necesidades.* Un liderazgo eficaz significa tener en cuenta las necesidades de los seguidores. Es importante que pregunte a sus seguidores: «¿Cómo puedo satisfacer mejor sus necesidades?»

Entendemos perfectamente que los nuevos discípulos realmente no saben lo que necesitan, pero incluso con los nuevos discípulos, usted debe respetar su tiempo y sus compromisos. No asuma que ellos pueden reunirse todas las semanas con usted. Si pueden, está muy bien, siga adelante. Pero tiene que estar dispuesto a aceptar una reunión cada quince días, o hasta una vez por mes.

Recuerde que el sistema G-12 es un sistema de apoyo. Es un sistema para el cuidado de los líderes, parecido al sistema Jetro.

G-12 no es sinónimo de otra reunión semanal. Quiere decir, sí, que se satisfacen las necesidades de los discípulos.

MINA #6: INSISTIENDO EN EL NÚMERO DOCE

Esta es una mina solamente si usted insiste en el número doce. Algunos líderes podrían rechazar todo el sistema de cuidado G-12 si se ven obligados a mantener el número doce. ¿Hay evidencia bíblica para el número doce? Sí, en parte. Dios escogió doce tribus de Israel y Cristo escogió doce discípulos. Otros argumentos para el número doce incluyen los 12 meses del calendario hebreo, las 12 horas del día, y que a menudo se vincula el número doce con los propósitos de las elecciones de Dios.[9]

Pero otros números también son importantes en la Biblia: seis, siete, cuarenta, y setenta, para nombrar algunos. Realmente, veo muy poca evidencia en el Nuevo Testamento que los apóstoles buscaban específicamente doce discípulos. Usted no encontrará este proceso registrado en el libro de los Hechos. Tampoco se menciona el número doce en las epístolas. Es dudoso, por lo tanto, que Cristo tuviese la intención de que el número 12 sirviera de norma para Su Iglesia.

Aunque usted debe evitar cualquier fijación con el número 12, comprenda que un número específico le da una meta a cada líder. Sirve de ayuda para que las personas esperen más y mejores resultados. Si ese número es doce o siete, un número determinado ayuda a cada líder a tener la visión para multiplicar su célula más de una vez. Con dicha meta, el líder no estará contento con solamente uno o dos. La psicología es: «Yo debo tener mis doce». Larry Stockstill está de acuerdo, y lo dice de esta forma: «Un cierto aburrimiento se apodera de los líderes celulares que han multiplicado sus grupos. Pierden motivación. Pero si usted le dice a un líder celular que la meta de su vida es abrir doce grupos que a su vez abrirán doce grupos [hay una motivación incesante]».[10]

Por ejemplo, antes de implementar el sistema G-12 en la Iglesia de la República, les dijimos a nuestros líderes celulares que dirigirían las células hijas que ellos multiplicaran. Sin embargo, muchos de nuestros líderes estaban satisfechos con multiplicar y supervisar solamente una o dos células. Entonces le dimos a cada persona la meta de dirigir 12 células, y nuestros líderes ya no podían quedar satisfechos supervisando solamente una o dos células.

Pienso que no es prudente poner un número mayor que doce. Intentar ministrar a más de doce líderes en una situación de grupo es difícil por la falta de intimidad (cuanto mayor sea el número menor será la intimidad). ¿Se puede reducir el número a diez o incluso a cinco? Sí, yo creo que sí.

MINA #7: INSISTIENDO EN CATEGORÍAS HOMOGÉNEAS ESTRICTAS

MCI cayó en esta mina en 1998. Ellos empezaron a insistir en una homogeneidad rígida. Si Juan estaba en el departamento de los hombres, él sólo podría discipular otros hombres en un grupo G-12. En 1998 MCI fue un paso más allá y dijo que el grupo celular abierto de Juan también debía ser exclusivamente masculino. Esto creó una situación forzada, limitativo, en la que sólo un género podría asistir a la célula abierta. Me quedé contento al oír que en 1999 MCI cambió este requisito y una vez más dio mayor libertad a las células abiertas.

MCI continúa enseñando que los hombres deben discipular otros hombres bajo la red del discipulado homogéneo llamado «hombres». Si usted quiere discipular parejas, por ejemplo, usted debe estar bajo otra red que se llama «parejas».

Yo siento que tal rigidez es innecesaria. Al realizar la transición al modelo G-12, usted no necesita usar categorías tan estrictas. Mi consejo es que usted permita que las células multipliquen naturalmente y que cada líder celular cuide y discipule a los que abran una célula bajo su liderazgo.

MINA #8: INTENTANDO ARREGLAR ALGO QUE NO ESTÁ ROTO

Abundan las novedades y métodos para el crecimiento de la iglesia. No implemente el modelo G-12 simplemente porque otros lo están haciendo. Si usted está experimentando éxito en su ministerio celular, no intente cambiarlo. Jay Firebaugh, el pastor de East Side Grace Brethren Church en Columbus, OH, prefiere la estructura 5x5. Él escribe lo siguiente:

> Algunas personas se entusiasman sobremanera por el modelo G-12 porque no tendrán que separarse de sus relaciones cuando multiplique su célula. Sin embargo, nuestra experiencia ha sido que las células deben agregar nueva vida regularmente o se secarán. Esto no quiere decir que el modelo G-12 no funciona. Pero en nuestro contexto, ¡encontramos que el modelo 5x5 funciona mejor! Además, hemos hallado que la evangelización funciona mejor cuando las mismas personas que usted está «pescando en equipo» son alcanzadas por la célula de la que usted forma parte, y luego finalmente entran en su célula para ser entrenadas y discipuladas por las mismas personas que trabajaron juntas para alcanzarlas.[11]

No les diga a los de la Iglesia Elim que ellos necesitan cambiar al modelo G-12. ¡Con 110.000 personas que asisten a sus 5.500 grupos celulares, ¡ellos están trabajando bien! ¿Funciona bien su sistema celular? Posiblemente usted no sienta la necesidad de cambiar. Si no está roto, no lo arregle.

CAPÍTULO 10

PRINCIPIOS G-12 DE LAS IGLESIAS NORTEAMERICANAS

Todos hemos oído la declaración: «Puede funcionar en otros países, pero no funcionará aquí». Quizá en lo más profundo usted ha estado preguntándose cómo algo en Bogotá podría aplicarse a Estados Unidos. Jeannette Buller, una maestra muy conocida en los círculos de la iglesia celular norteamericana, identificó esta preocupación cuando dijo: «En un mundo ideal, pienso que los grupos de 12 es el camino a seguir. Todavía estoy luchando con la manera cómo será ubicado en el contexto de los EEUU».[1]

Yo veo dos opciones con el modelo G-12: Primero, la aplicación del modelo íntegramente. Segundo, la aplicación de los principios claves solamente. Usted notará en este capítulo que la mayoría de las iglesias ha seguido el axioma del crecimiento de la iglesia: *No siga los métodos, sino más bien extraiga los principios subyacentes a los métodos y aplíquelos a su situación.*[2]

EJÉRCITO DE LA IGLESIA

BRANSON, MO. • PLANTADOR DE IGLESIAS TIM SCHEUER

DATOS: NUEVE GRUPOS CELULARES[3]

Tim Scheuer es un ejemplo de un líder que adaptó el modelo G-12 para que sirviera a sus propias circunstancias. Tim adoptó la estrategia celular primero como la mejor manera de localizar a las personas, y luego comenzó a aplicar el modelo G-12 para poner a punto su sistema.

La iglesia de Tim es una iglesia rara. Vea su declaración de la misión: *Nuestra meta es alcanzar a los menos, los últimos y los perdidos*. Esta iglesia busca al drogadicto, al que no tiene casa y al proscrito. Los que asisten a la iglesia vienen de «los suburbios», los desechados de la sociedad. Tim escribe: «Tenemos el privilegio de trabajar con la gente que está cerca del corazón de Jesús».[4]

El Pastor Tim ha escogido aplicar principios en lugar de adoptar íntegramente el modelo G-12. Él descubrió, por ejemplo, que no todos los líderes celulares podían participar en dos reuniones celulares por semana. El tiempo y la distancia sencillamente no les permitía a su gente asistir a dos reuniones semanales.

Sobre esto, Tim escribe: «Lo que hemos intentado hacer es separar el "principio" del "método". El principio es que a todos se les ministra y luego ministran; el método es que usted viene a dos grupos celulares todas las semanas». Tim descubrió que para muchos en su iglesia, el método de dos reuniones sencillamente no era posible. Él todavía anima a todos para asistir a dos grupos, pero hay también mucha flexibilidad.

Porque la iglesia del Pastor Tim existe para alcanzar a los pecadores empedernidos para Jesucristo, una de las cosas que más lo atraen al modelo de Bogotá se centra en los Encuentros de fin de semana.

Cuando él oyó hablar por primera vez de los eventos del Encuentro, copió íntegramente el Encuentro de fin de semana de Bogotá. Sin embargo, el Pastor Tim no tiene miedo de probar, comprobar y hacer ajustes. Ellos cambiaron su filosofía del Encuentro cuando comprendieron que estaban enfocando demasiado en el líder como la persona con la «unción poderosa». Tim escribe: «No estábamos satisfechos con nuestra capacidad para hacer el ministerio».[5]

Por esta razón, la iglesia se volvió al entrenamiento de Neil Anderson para resolver conflictos personales y espirituales, y que sentían que satisfacía mejor sus necesidades. La solución de Anderson ponía el énfasis en la recepción individual del ministerio para abrazar la responsabilidad para aplicar la verdad que hace libre a la persona. Tim escribe:

> El pensamiento que me llama la atención es que si yo necesito un ministro con una «poderosa unción» para ayudarme a encontrar la libertad, cuando el enemigo me ataca pensaré que necesito ir para recibir ministerio nuevamente de una persona. Si yo recibo mi libertad a través de un proceso del que yo soy responsable, entonces cuando el enemigo ataque ya he aprendido a través de ese proceso que «yo» tengo autoridad «en Cristo» sobre el ataque del enemigo.

Desde que se implementaron los principios G-12, la iglesia ha ganado velocidad y esperanza. La estrategia G-12 los ha ayudado a librarlos de un «legalismo de la iglesia celular» y ahora a todos se les ministra y luego ministran. Tim escribe: «Ahora las personas están constantemente pensando en comenzar nuevos grupos».[6]

IGLESIA COMUNIDAD DE FE

IGLESIA DEL EVANGELIO CUADRANGULAR DE CANADÁ.
HALIFAX, NOVA SCOTIA, CANADÁ • PASTOR REID STAIRS
DATOS: 14 CÉLULAS; 90 ASISTENCIA DEL DOMINGO

El modelo G-12 ha inyectado nueva flexibilidad y creatividad en esta congregación y ha corregido dos áreas débiles encontradas en su sistema pastoral anterior:

> El dolor de la separación de las relaciones cada vez que multiplica un grupo.

El traslado de los mejores y más eficaces líderes celulares de un ministerio «celular» activo para llegar a ser supervisores de zona.

En el sistema 5x5 anterior ellos se sentían como si estuvieran sirviendo al modelo, en lugar del modelo servirles a ellos. El Pastor Reid oyó hablar del modelo G-12 en febrero de 1998 e inmediatamente compartió el concepto con los líderes de la iglesia.

En mayo de 1998, la iglesia empezó a reestructurarse. Reid y su esposa escogieron a 12 «discípulos», y de esos líderes originales algunos fueron seleccionados para construir grupos de los miembros restantes de la congregación.

Usando el sistema G-12, la iglesia descubrió más maneras de multiplicar grupos celulares. Ellos podrían plantar células así como dar nacimiento a células hijas en pleno funcionamiento. Por ejemplo, una de las señoras estaba cuidando dos ancianos con enfermedades terminales una noche por semana. Con la nueva estrategia G-12 en mente, ella empezó a ver su reunión como una célula potencial. Ella guió a la esposa a la fe en Cristo, y luego invitó a que otros se les unieran en la casa para la adoración, oración, y ministerio. Bajo el antiguo sistema ellos nunca habrían pensado en este grupo como una «célula».

El modelo G-12 también ha ayudado a la iglesia a entender el sacerdocio de todos los creyentes. Ahora, todos somos discípulos de Cristo. Enfocando en Mateo 28:19, la iglesia ha venido a creer que todos tenemos una profesión básica –ser un discípulo (que incluye la comisión de hacer discípulos).

Su foco ya no es la identificación de líderes celulares potenciales, ya que se presume que en algún momento todos estaremos guiando a otros. Por esta razón, ahora ellos promueven una estructura de supervisión más natural y una senda de entrenamiento más simplificado. ICF ya no usa varias sendas en su sistema de entrenamiento (es decir, una para el discípulo, líder celular, supervisor, pastor, etc.). Ahora usa una senda, que prepara a todos para dirigir una célula y luego supervisa esos nuevos líderes que comienzan nuevas células. Los principios G-12 han ayudado a la Iglesia Comunidad de Fe a llegar a ser más relevante para su propio contexto y cultura.

IGLESIA ALIANZA NEWMARKET

ONTARIO, CANADÁ • PASTOR DAVID BRANDON

DATOS: 40 CÉLULAS; 350 ASISTENCIA DEL DOMINGO

«¡Finalmente, libertad!» exclamó un participante durante el retiro. La libertad resume la atmósfera a Newmarket como resultado de la estrategia G-12. El Pastor David dice: «De algún modo las maneras anteriores de hacer células no eran bastante flexibles para permitir la creatividad en la manera cómo se comenzaban los grupos y cómo las personas llegaban a ser líderes. Ahora hay un aumento increíble en las posibilidades».

El Pastor Brandon reaccionó negativamente cuando oyó hablar primero de la filosofía G-12. Le gustaba la firme y fácilmente entendible estructura 5x5. La flexibilidad de la estrategia G-12 le parecía demasiado desordenada.

Sin embargo, después de siete años, todos los líderes reconocieron que el modelo celular 5x5 no estaba funcionando para ellos. Puesto que el modelo 5x5 no llenaba sus expectativas, el equipo de liderazgo animó al Pastor Brandon a seguir la filosofía G-12. El Pastor Brandon guió a la iglesia para hacer el cambio, y en un año, todas las células se habían incorporado al sistema G-12.

La filosofía G-12 les dio una nueva libertad y poder para multiplicar los grupos celulares. El Pastor Brandon escribe:

El modelo G-12 ha resuelto un problema que no podíamos resolver con el antiguo 5x5, a saber: la resistencia de las personas para multiplicar su célula. Hoy yo entiendo por qué. Estábamos violando el deseo innato que las personas tienen de conservar las relaciones profundas que les daban consuelo, estímulo y hasta exhortación mientras edificaban el reino al mismo tiempo. No es que las personas no quieran multiplicar células, ellos no quieren hacerlo a costa de perder el «entre nosotros» de las Escrituras, que sólo madura en una relación de amor cristiano y a largo plazo.

La multiplicación celular es ahora una experiencia creativa. Cuando alguno de IAN se reúne con tan sólo otra persona, ellos consideran que este grupo ya es una nueva célula y los estimulan para invitar a otras personas al grupo. De esta manera se comienzan los grupos fácilmente y pueden crecer rápidamente. La Alianza Newmarket define un grupo celular como «... por lo menos dos personas y no más de 12 que regularmente se reúnen con el propósito de nutrir a los discípulos por medio de la mutua edificación bíblica».

Nadine, la esposa del Pastor Brandon, empezó a discipular a una madre soltera que era una creyente nueva usando la Estación para el Nuevo Creyente y Equipo de Llegada (desarrollado por Ralph Neighbour, hijo). Armado con el pensamiento G-12, llamaron esta reunión un grupo celular. Esta madre soltera ahora dirige el grupo con la ayuda de Nadine. Una convertida de ese grupo ahora está dirigiendo su propio grupo, y el proceso continúa.

La filosofía G-12 llega abajo hasta el sistema de entrenamiento en IAN. En el pasado una persona tenía que ser entrenada antes de que le permitieran dirigir una célula. Ahora las personas sin entrenamiento comienzan las células. La regla es: si una célula se forma alrededor de una persona, entonces debe asistir al curso de entrenamiento. Esto no es un problema porque en cuanto dirigen una célula, las personas desean recibir ayuda.

El Pastor Brandon insta a que las iglesias apliquen el modelo G-12 a sus propias circunstancias. IAN no copió el modelo íntegramente. Simplemente adoptaron los principios que se aplicaban mejor en su propio contexto. El Pastor Brandon insta a las iglesias que permitan que la estructura surja desde las bases en el entorno de una búsqueda de conocer la voluntad de Dios.

Asamblea de la Cosecha

Virginia Beach, VA • Pastor Mike Osborn, parte del equipo pastoral, datos: 40 células; 500 en asistencia

La Asamblea de la Cosecha, a diferencia de muchas iglesias celulares norteamericanas que adoptan la estrategia G-12, desea seguir el modelo G-12 en su integridad. Uno de los miembros del personal dijo: «Entendemos que debemos aceptar todo el paquete; no podemos elegir esto y aquello».[7]

El Pastor Mike oyó hablar primero del modelo G-12 en 1997 cuando César Castellanos habló en Houston, Texas. Desde entonces, el Pastor Mike ha devorado todo sobre el modelo G-12 e incluso visitó MCI en Bogotá. Fue tan transformado por lo que conoció que invitó a algunos de los pastores de MCI a visitar la Asamblea de la Cosecha para ayudar en la transición. La Asamblea de la Cosecha tiene planes de enviar más de sus líderes claves a Bogotá en el futuro.

La Asamblea de la Cosecha está desarrollando los Retiros de Encuentro, la Escuela de Liderazgo, y el sistema de seguimiento. Ellos reconocen que también deben adoptar los valores de MCI (ej., pasión por los perdidos, guerra espiritual, etc.). El Pastor Mike ya ha encontrado sus doce discípulos para toda la vida. Para algunas iglesias, como la Asamblea de Cosecha, puede ser mejor adoptar y llevar a cabo el sistema G-12 íntegramente.

IGLESIA STANDARD DE CENTENNIAL ROAD

BROCKVILLE, ONTARIO • LAURENCE CROSWELL, PASTOR PRINCIPAL,

DATOS: 33 CÉLULAS; 800 ASISTENCIA DEL DOMINGO

La Iglesia Standard de Centennial Road estimula la flexibilidad con el modelo G-12. Cada grupo G-12 tiene libertad para desarrollar su propia personalidad. Unos grupos G-12 se reúnen cada quincena, otros mensualmente. Algunos grupos se reúnen en casas, con niños también, otros se reúnen en restaurantes. Algunos líderes pasan muchas horas adicionales pastoreando y animando a sus líderes en forma individual; otros lo realizan en el contexto del grupo. La filosofía subyacente es que los líderes son libres para ejercer su creatividad dentro de la estructura básica de la visión.

Esta Iglesia Evangélica Metodista empezó la transición al modelo de iglesia celular en 1995. La iglesia se estancó en diecisiete células y notó que cuando las células multiplicaron más allá de la tercera generación, la pasión por la visión del ministerio celular empezaba a morir. Se hacía cada vez más difícil de motivar a las personas para llegar a ser colaboradores y algunas células sentían muy agudamente las heridas de la multiplicación. Los Supervisores de Zona sentían que estaban muy lejos del ministerio básico y no se conectaban necesariamente con los grupos que ellos dirigían.

En 1998 la Iglesia Centennial Road hizo la transición de su estructura de líderes del modelo 5x5 al modelo G-12. El pastor principal convirtió los miembros de su personal y sus esposas en su Grupo G-12. ¡El Pastor Laurence se reúne con ellos a las 5:30 de la mañana todos los martes! De este primer G-12 se han formado otros siete grupos de líderes G-12 representando un total de 57 líderes.

La iglesia cree que el estilo de las relaciones en los G-12 cumple los propósitos de su equipo de líderes más eficazmente que el estilo de liderazgo piramidal del 5x5. El estilo G-12 tiene menos niveles, por consiguiente más personas están conectadas al centro de la pasión por la visión celular.

Iglesia de la Piedra Angular

Harrisonburg, Virginia • Pastor Gerald Martin

Datos: 75 Células; 900 Asistencia del domingo

Después de siete años de experimentar con modelos celulares diferentes, la Piedra Angular se siente ahora como que han formado su propia «saliva» en lugar de beber la de otros. (Éste es un término que Ralph Neighbour utiliza para ilustrar lo absurdo de adoptar el modelo de otra iglesia y materiales íntegramente.) Antes de esto, la iglesia se sentía como David que intentaba luchar usando la armadura de Saúl, pero ahora hay un nuevo sentido de estabilidad, alegría y libertad.

El modelo G-12 ayudó a la Piedra Angular a reclamar su sistema anterior. Hace varios años, la iglesia organizó lo que ellos llamaron células de liderazgo dirigidas por pastores. La célula de liderazgo se reunía dos veces por mes. Durante este tiempo la iglesia tenía un sentido fuerte de responsabilidad y unidad. La debilidad era que ponía a todos sus líderes en un grupo celular, los separaban de los miembros normales de la iglesia e incluso los llevaban a tener sentimientos de elitismo. Debido a estas preocupaciones, la iglesia abandonó las células de liderazgo, y todos fueron animados a participar en las células congregacionales.

No obstante, sin la responsabilidad proporcionada por las células de liderazgo, la iglesia parecía perder su sentido unificado de liderazgo. Cuando oyeron hablar del modelo G-12, esto confirmó su estrategia anterior. Mientras se ajustaban para evitar los errores previos, la Piedra Angular adoptó una estrategia G-12 modificada. Ahora todos los líderes celulares en la Piedra Angular participan en dos células, una en la que ellos dirigen y otra donde ellos participan como miembros. Esto elimina la necesidad de los supervisores de zona. Cada líder celular supervisa a los líderes celulares en su célula y los ayuda en su ministerio.

Un rasgo característico de la estrategia G-12 en la Piedra Angular es que sólo el líder celular puede invitar a las personas nuevas al grupo celular abierto regular. Si un miembro celular desea invitar algún miembro nuevo, esa persona es estimulada a abrir un nuevo grupo celular, mientras continúa asistiendo al grupo celular original.

La estrategia G-12 ha dado a la Piedra Angular ilimitadas oportunidades de crecimiento de la iglesia. Ahora los líderes surgen naturalmente. En lugar de fijar los líderes, ahora la Piedra Angular simplemente reconoce a los líderes cuando ellos forman un grupo celular. El modelo 5x5 impedía la progresión natural de los líderes, pero ahora la Piedra Angular libera líderes nuevos de una manera muy natural. Tome el ejemplo de un árbol. Usted no verá un árbol gruñendo y gimiendo para producir su crecimiento. Simplemente sucede en forma natural. El modelo G-12, de una manera similar, ha soltado la Piedra Angular para crecer natural y continuamente.

Además de los líderes celulares en vías de desarrollo, cada pastor lidera un departamento del ministerio: adoración, las dependencias, oración, cuidados, colocación en el ministerio, juventud, niños y desarrollo. El Pastor Martin me dijo: «Una vez más la iglesia está unida. Estamos funcionando como un equipo». La visión y el liderazgo de la iglesia han sido restaurados. La estrategia G-12 ha refrescado la iglesia y ha dado un soplo de vida nueva en la estructura celular.

Iglesia de las Naciones

Atenas, Georgia • Dr. Mel Holmes

Datos: 30 Células; 1000 Asistencia del domingo

La Iglesia de las Naciones es una iglesia innovadora que no tiene miedo de cambiar –aunque esto signifique pagar un alto precio–. Por ejemplo, cuando la iglesia realizó la transición a la filosofía de la iglesia celular en 1995, 150 personas se fueron. Sin embargo, la Iglesia de las Naciones continúa creciendo y evangelizando al grupo multiétnico que rodea la iglesia.

La estrategia G-12 ayudó a esta iglesia para poner a punto su estrategia de iglesia celular. Inicialmente, los requisitos eran que todos los líderes celulares asistieran a su célula original y que también dirigieran un grupo celular abierto. Con el paso del tiempo, sin embargo, la iglesia descubrió que el nuevo líder gradualmente se unía más a la célula que estaba dirigiendo y cada vez estaba más lejos de la célula madre donde había sido recibido y entrenado. A semejanza de los niños en la etapa del crecimiento, el sentimiento de la necesidad de la célula madre empezaba a disminuir, mientras ellos llegaban a ser padres más eficaces. No que la relación estaba interrumpida, pero al igual que una relación padre-hijo, empezaba a cambiar a medida que los niños crecían.

Los líderes de la iglesia descubrieron que el problema principal no era la exigencia del tiempo de mantener dos células por semana, sino más bien el intento de mantener relaciones significativas con dos grupos celulares separados (que contenían de 10 a 12 adultos por célula). Con el tiempo, esta situación llegó a ser la razón principal para que la iglesia decidiera permitir que los individuos interrumpieran su relación de dependencia con la célula madre y llegaran a ser células independientes.

Para aumentar la necesidad por la supervisión y responsabilidad hacia otros (sobre todo para aquellos que habían dejado la célula madre para llegar a ser líderes celulares independientes) la iglesia agregó una reunión del domingo de mañana para los líderes celulares. Esta reunión se reunía durante una hora antes del culto de adoración matinal. Todos los líderes activos asisten a estas sesiones para recibir ministerio y entrenamiento continuado.

Después de 18 meses, la iglesia no sentía la necesidad de celebrar esta reunión de líderes semanalmente. Ahora se reúnen un domingo a la noche por mes con todos los líderes celulares. También, cada dos semanas el pastor principal se reúne con sus mentores para animar y ayudarlos cuando también sirven de mentores de los líderes que vienen a ellos para apoyo, estímulo y oración.

Los principios G-12 que la Iglesia de las Naciones realmente sigue son los siguientes:

1. Todos los miembros celulares son enseñados y se espera que sean líderes potenciales. No existe el aprendiz. Todos son líderes potenciales.

2. La meta es que todos discipulen doce personas.

3. Los líderes celulares supervisan (discipulan) esos nuevos líderes que empiezan grupos de la célula madre. Cuando todos los miembros celulares llegan a ser líderes, el líder de la célula madre se reúne por lo menos dos veces por mes, además de dirigir su célula.

4. A todos se les ministra y luego ministran.

5. Una persona no llega a ser una parte de sus doce hasta que él o ella esté dirigiendo un grupo celular.

6. Todos debemos ganar almas y debemos desarrollar a los líderes potenciales. Cada miembro celular es estimulado a encontrar su «nación» en el futuro (grupo homogéneo) que llegará a ser sus doce.

7. Las células ya no multiplican por división, sino que multiplican por duplicación.

La iglesia ya no establece los líderes de sección, pastores de división y pastores de zona. Ellos han escogido, más bien, para establecer «mentores». El Dr. Holmes se reúne con siete mentores (que llegarán a ser doce en el futuro) que a su vez se reúnen con sus doce. El Dr. Holmes dice: «... las relaciones nunca necesitan ser rotas, la necesidad de personal es reducida y no se reprime el potencial de nadie».

Centro de oración mundial Betania

Baker, Lousiana • Pastor Larry Stockstill

Datos: 800+ Células; 8.000 Asistencia del domingo

Yo creo que el COMB es la iglesia celular más influyente en EE.UU. Celebra conferencias celulares anuales a las que asisten más de 1000 pastores. Ellos han enseñado a miles de pastores y líderes sobre el ministerio de la iglesia celular.

Después de que el Pastor Larry visitó la Misión Carismática Internacional hacia fines de 1996 con Ralph Neighbour, hijo, regresó con la intención de realizar la transición del COMB al modelo G-12. Desde 1997, COMB normalmente incluye la enseñanza de la estrategia G-12 en sus conferencias anuales. La mayoría de las iglesias en EE.UU. oyeron hablar del modelo G-12 por primera vez en COMB. Como la transición de Betania está bien documentada, limitaré la información en esta sección.[8]

En COMB, cada miembro celular es estimulado a comenzar un grupo celular y luego a continuar asistiendo al grupo de la célula madre.[9] Billy Hornsby considera que esto es una multiplicación genuina en contraste con una división. Su explicación es la siguiente:

> Otras formas de multiplicación son por división. Un grupo crece, multiplica dividiéndose y llega a ser dos. Con el principio de los doce, los grupos no necesitan dividirse. Simplemente se comienzan más grupos con los nuevos líderes que se producen en cada círculo de doce.[10]

Al nuevo grupo que viene de la célula madre (grupo G-12) se le llama subgrupo. Los sub-grupos alimentan la célula madre G-12. Los subgrupos tienen como prioridad la evangelización, el discipulado y alimentar el grupo G-12 materno, mientras que éste se enfoca en la edificación, el desarrollo del liderazgo y la multiplicación. El subgrupo utiliza materiales aprobados que aplica a sus miembros particulares, mientras que la célula madre siempre sigue la lección de la célula preparada.[11]

Al igual que MCI, Betania cree que cada persona tiene la unción para la multiplicación. Se espera que todos entren en la senda de entrenamiento para dirigir un grupo celular en el futuro.

COMB comprende que debe haber flexibilidad en el modelo G-12; por ejemplo, les pide a los nuevos líderes que vuelvan cada semana al grupo de la célula madre. Sin embargo, también hay un poco de elasticidad en su modelo. El Pastor Hornsby escribe:

> También hemos descubierto que después que alguien en su grupo comienza una célula él necesita mucho estímulo que será proporcionado por el grupo mentor. Sin embargo,

después de varios meses, posiblemente él ya no necesite asistir todas las semanas, pero debe asistir una o dos veces por mes. Aunque no sea oficial, permitimos que esto suceda pero sabemos que dos reuniones por semana es óptimo.[12]

Cada líder de una célula madre, en otras palabras, debe discernir cómo ministrar mejor a los ministros (nuevos líderes celulares). Un líder G-12, por ejemplo, podría atender más eficazmente al nuevo discípulo a través de las reuniones individuales, llamadas telefónicas o por carta en lugar de pedirle a la persona simplemente que vuelva a la célula madre todas las semanas.

El Pastor Stockstill también aclara que la estrategia G-12 es más un principio que un modelo. Durante la Conferencia de la Iglesia Celular Betania en noviembre de 1998, Larry dijo:

> El principio de 12 es un concepto; no es un método. Lo que ellos hacen en Bogotá podría ser diferente de lo que nosotros hacemos en los Estados Unidos... Yo quiero que se entienda que el principio de los 12 no es sólo un principio celular, es un principio de desarrollo de líderes. Pero nosotros lo usamos con las células.[13]

Los principios G-12 han transformado el sistema celular de Betania de varias maneras: sus células son más homogéneas, su senda de entrenamiento incluye retiros y la multiplicación fluye más naturalmente. Le ha proporcionado más flexibilidad a COMB y los ha ayudado a retener la cosecha.

¿Funcionará en Estados Unidos?

Jeannette Buller se preguntaba si el modelo G-12 funcionaría en el contexto norteamericano. Las iglesias mencionadas anteriormente demuestran que es posible. Estas iglesias descubrieron una nueva energía para la multiplicación celular y el desarrollo de los líderes usando esta estrategia. Los principios G-12 vigorizaron estas iglesias con una nueva creatividad y en varios casos, reavivó las estructuras celulares estancadas.

CAPÍTULO 11

PRINCIPIOS G-12 DE LAS IGLESIAS INTERNACIONALES

En el siglo XIX Julio Verne, un famoso novelista, escribió sobre el desafío de dar la vuelta alrededor del mundo en ochenta días. Sin embargo ahora con un módem usted puede circunnavegar el globo sobre su escritorio en ochenta segundos o menos. La tecnología nos ha transformado en un pueblo global interconectado.[1]

Debido a este día de comunicaciones globales, las iglesias celulares en todo el mundo pueden unirse para compartir sus ideas. En este capítulo veremos cuatro iglesias celulares internacionales que han aplicado los principios G-12 a su propio contexto.

IGLESIA INTERNACIONAL DE BERLÍN

HENRY PAASONEN • MISIONERO DE AC&M
EN BERLÍN, ALEMANIA
DATOS: PLANTACIÓN IGLESIAS

Luego de varios esfuerzos infructuosos para formar células para plantar iglesias en París, Francia, Henry Paasonen descubrió el principio G-12 mientras leía un libro sobre la extensión del evangelio durante los tiempos medievales en Europa. En el libro *How the irish saved civilization,* (Cómo los irlandeses salvaron la civilización) por Thomas Cahill, el autor despliega la historia del papel heroico de Irlanda desde la caída del imperio romano, a través del oscurantismo y hasta el surgimiento de la Europa Medieval.

La segunda parte del libro enfatiza mayormente la manera cómo los santos celtas se extendieron por todo el continente, incluso en Rusia y en el Medio Oriente, y formaron comunidades monacales que siempre eran grupos determinados de doce. Cada miembro estaba equipado para ser un «monje guerrero», muy similar a los miembros de un grupo G-12.

Paasonen escribe:

> Leyendo sobre estos centros misioneros irlandeses, y al mismo tiempo aprendiendo sobre el trabajo de César Castellanos, mi pensamiento se liberó de los fideos de las líneas de responsabilidad y niveles que encontramos tan a menudo en varios modelos celulares –sistemas de retroalimentación que pueden volverse una carga a los líderes celulares cuando les exigen que asistan a las reuniones de liderazgo semanales, mantener al día las visitas pastorales e invertir en el discipulado de sus contactos–. Finalmente, aquí había un modelo celular que funcionaba como un equipo de líderes, que se quedan juntos en lugar de separarse para multiplicar, y que contenía en sí mismo la responsabilidad de los líderes que en otros modelos se extendía a otros niveles y zonas.

Después de ver cuatro iglesias sin células plantadas en el área de París, Paasonen fue transferido a Berlín, Alemania. Aquí, él y el equipo de la Alianza en la capital alemana experimentaron un avance. Fueron llevados para ver en Efesios 4:11-16 los principios celulares que reflejaban cuatro características esenciales del modelo G-12:

1. Un grupo celular diseñado para los líderes celulares. Otros han notado que estos versos requieren la responsabilidad e intimidad que sólo pueden reunirse en un grupo celular. Pero estos versos también identifican a cuatro miembros (v.11)

como el grupo inicial y como el tamaño mínimo celular –un cuarteto de entrenadores que se vuelve el núcleo del liderazgo a medida que crece la célula.

2. Una continuidad de trabajo en equipo requería de ese cuarteto una solidaridad que los obligaba a permanecer juntos como una unidad y no separarse en el proceso de la multiplicación celular.
3. Un propósito de entrenamiento de liderazgo para ese cuarteto mientras discipula a otros que son traídos a la célula y los capacita para ser, a su vez, líderes celulares.
4. Un juego de cuatro sendas de desarrollo de liderazgo sugerido en los versículos 12-16.

¡Nació la visión para el modelo Diamante Cuatro (D-4)! Mientras reflejaba los principios principales de G-12, este modelo más humilde no requería una meta de crecimiento inicial de doce miembros, sino tan sólo de cuatro miembros (siendo cuatro el número más pequeño para que una célula sea funcional). Sólo como referencia, los miembros del cuarteto se han designado tentativamente como el entrenador (el apóstol), el edificador (el profeta), el evangelista, y el que los capacita (el pastor/maestro).

Paasonen asevera: «Nuestro propósito ha sido no copiar el Modelo G-12 servilmente, sino identificar los principios claves para el desarrollo de la iglesia celular que sean adecuados al contexto europeo». El resultado ha sido muy animador en un campo europeo donde las metas de un número mayor de miembros, como con el modelo G-12, no se logra fácilmente. Debido a una respuesta menor en un centro urbano posmoderno como Berlín (cuando se compara con Singapur o Colombia), la membresía celular D-4 no sólo se logra más prontamente, sino que también es más intensamente concentrada para el entrenamiento de los líderes. La célula D-4 puede celebrar entonces orgullosamente de llegar a ser una célula completa cuando tiene cuatro miembros y al mismo tiempo puede esforzarse por llegar a ser el núcleo para una célula más grande que crece alrededor de él a medida que otros se agregan.

Además del problema de sensibilidad más baja, Paasonen cuenta de otro descubrimiento en el crecimiento celular en los centros urbanos de Europa: Pocos hombres o mujeres profesionales en una ciudad como Berlín tienen el tiempo o la energía para ser un líder celular siguiendo los modelos de liderazgo celular que a menudo carga a un líder celular con responsabilidades pastorales, con la organización de esfuerzos de evangelización, concentrándose en el discipulado o en el asesoramiento, y manteniendo la responsabilidad de un liderazgo múltiple.

Sin embargo un modelo celular no necesita discriminar contra las personas que son tan activas y mantenerlas fuera de una participación plena en el liderazgo celular. Cuando el papel del líder de célula es compartido como en el modelo D-4, la carga se comparte y los dones espirituales de cada líder son honrados más plenamente.

Como en el modelo G-12, la célula D-4 se concentra totalmente en el desarrollo de los líderes y en la multiplicación celular. Dicha extensión celular se activa con el envío de nuevas células D-4:

1. Se forma un D-4 original para llevar por lo menos cuatro hombres o mujeres a Cristo.
2. Este cuarteto cuidadosamente escogido primeramente es guiado a lo largo de las cuatro sendas del discipulado sugeridas en Efesios 4:12-16.
3. Cuando el prototipo ha completado su formación, otros son traídos alrededor del núcleo D-4 y son invitados a constituirse en los nuevos grupos D-4.

4. Cuando cada nuevo D-4 completa su entrenamiento para los papeles del discipulado y de liderazgo, los miembros son enviados como un equipo para ser el núcleo de una nueva célula. La multiplicación es por equipos de liderazgo, no por el envío de líderes celulares heroicos.
5. Como en el modelo G-12, el D-4 original así como cada nuevo D-4 permanecen juntos como un cuarteto continuo. De esta manera la extensión de dichos grupos de liderazgo más pequeños puede causar un crecimiento mucho más explosivo que en los modelos que requieren una cantidad de personas tres veces mayor en una célula.
6. Mientras continúan sirviendo juntos como un cuarteto D-4, cada célula elige uno de sus miembros como coordinador. Él o ella informa entonces a un concilio pastoral elegido que administra toda la iglesia celular de los grupos D-4. El concilio a su vez elige un pastor principal. ¡No existe el déficit democrático en este modelo!

Resumiendo, todos pueden madurar para ser un líder D-4. Todos pueden mandar como parte de un equipo. Todos pueden compartir en el núcleo de liderazgo de una nueva célula.

El equipo misionero de Berlín llama a esta estrategia "Operación Fresa" porque un lote de fresas crece enviando «guías» que suelta raíces y así crecen plantas nuevas. Paasonen dice: «La función de la guía es la clave; y estas guías tienen dentro de ellas todo el potencial para una planta nueva». De la misma manera, una planta D-4 envía guías D-4 de segunda generación que tienen todo el potencial para empezar una nueva planta D-4. Concluye diciendo: «¡El crecimiento y la salida de las guías D-4 como equipos preparados es de lo que se trata todo esto!»

Centro cristiano de Little Falls

Little Falls Roodepoort, Sudáfrica

Pastor Harold F. Weitsz

Datos: 240 Células; 3.000 Asistencia del domingo

¿Ha oído hablar usted alguna vez del modelo J-12? Si visita el Centro Cristiano de Little Falls, usted oirá hablar mucho de eso. Esta iglesia creativa realmente mezcló los modelos 5x5 y G-12 en una nueva sinergia llamada el modelo J-12. Después de analizar las fuerzas y debilidades de ambos modelos, ellos comprendieron que ninguno era perfecto.

El viejo refrán: «Si no está roto, no lo arregle» resalta por qué el CCLF no adoptó el modelo G-12 completamente. Sus estadísticas indican un crecimiento constante durante los últimos dos años. Los líderes no sentían la necesidad de hacer cambios radicales en su sistema de cuidado pastoral, pero encontraron algunos conceptos G-12 que podían mejorar su sistema.

También examinaron su contexto local, que era muy similar a un rápido estilo de vida norteamericano. Entonces decidieron que el modelo G-12 original (con dos o tres reuniones por semana) no funcionaría en su sociedad tan ocupada.

El modelo G-12, sin embargo, ha impactado el CCLF en varias áreas importantes: Primero, CCLF busca desarrollar ahora a cada miembro de la célula en un líder celular, basado en la premisa de que cada cristiano puede alcanzar por lo menos a 12 personas en su vida. Se pone mayor énfasis, por lo tanto, en el desarrollo de líderes de calidad.

Segundo, los líderes son preparados más rápidamente para comenzar nuevas células. Si usted quiere hacer que la iglesia crezca, tiene que agregar miembros nuevos. Pero si quiere multiplicar la tasa de crecimiento de la iglesia, entonces tiene que multiplicar los líderes. La iglesia está promoviendo la plantación de nuevas células además de la multiplicación celular normal.

Tercero, el CCLF ahora multiplica sus células cuando alcanza la cantidad de 12 en lugar de 15. El tamaño promedio de la célula en la iglesia es 10, y la meta más baja de 12 para la multiplicación se alcanza más fácilmente. Una menor cantidad de líneas de comunicación en células más pequeñas las hacen más eficaces, y se logra una mejor participación de los miembros de las células.

Cuarto, el CCLF ha comprimido su entrenamiento para el liderazgo para producir nuevos líderes en el tiempo asombroso de cuatro meses. El enfoque en el desarrollo del liderazgo de los G-12 fue la causa para el desarrollo de la nueva senda de entrenamiento en el CCLF.[2] La continua falta de nuevos líderes para la multiplicación o plantación celular se ha resuelto eficazmente. El lanzamiento de muchos nuevos líderes ha producido el crecimiento acelerado de la iglesia.

Bajando el número para la multiplicación de la célula y acelerando el entrenamiento de nuevos líderes, el sistema J-12 del CCLF está llevando mucho fruto.

En resumen, la iglesia utiliza el número 12, y los fundamentos del sistema de entrenamiento G-12 y sus encuentros, pero continúa usando el sistema Jetro [5x5] de la estructura celular a través de sus varios niveles de líderes celulares, Supervisores de Zona, Pastores de Zona y Pastores de Distrito.

Iglesia de Abbalove

Jakarta, Indonesia • Pastor Eddy Leo

datos: 510 Células; 6.000 Asistencia del domingo

El Pastor Eddy Leo es uno de los líderes de Abbalove, una iglesia celular de rápido crecimiento en Jakarta, Indonesia. La manera cómo Abbalove está llevando a cabo su seguimiento y su desarrollo del liderazgo en la actualidad es particularmente excitante.[3]

SEGUIMIENTO

Después que Eddy Leo visitó MCI en Bogotá, concluyó que el crecimiento en MCI era más un resultado del excelente sistema de seguimiento que del modelo G-12.

Antes de febrero de 1999, Abbalove retenía aproximadamente un 20% de los que respondían al Evangelio. Desde que hizo del seguimiento una prioridad, este porcentaje ascendió al 33%. 800 de los 2.400 que han respondido este año son ahora miembros celulares consistentes. Desde diciembre de 1998, Abbalove ha visto alrededor de 100 personas nuevas que vienen a Cristo todos los domingos. Los medios primarios para recoger la mies son las grandes concentraciones, tales como las Celebraciones de los domingos. Este año cada mensaje predicado contiene el Evangelio.

Lo que Abbalove hace ahora es muy similar a lo que está pasando en MCI. Inmediatamente después de una respuesta pública en una concentración grande, una persona nueva es introducida al Salón de Bienvenida donde un consejero conversa con ella con respecto a la seguridad de su salvación. Antes de anotar la dirección de esta persona, el consejero le pregunta si tiene alguna necesidad por la cual le gustaría que se ore. Este enfoque de orar por sus necesidades llega a ser el eslabón inicial para el seguimiento. La persona nueva recibe una tarjeta en la que anota su dirección y la necesidad. Se le pregunta al creyente nuevo si sería apropiado que alguien fuera para visitarlo. Si está de acuerdo, la tarjeta es entregada al grupo celular que se reúne más cerca de su casa.

Esa misma semana el grupo celular ora por el nuevo convertido en su distrito, y luego un miembro de la célula se pone en contacto con dicha persona, preguntándole acerca de su necesidad, y diciéndole que ellos están orando y que quisieran visitarla. Por lo general, si una persona que no sea su amigo o amiga que le llevó a la iglesia tratara de visitarle, sería rechazada. Pero porque el enfoque está en la preocupación por sus necesidades, la puerta se abre.

Generalmente se hacen cuatro visitas en las primeras cuatro semanas, y el miembro celular le explica cómo crecer en Cristo, e invita al nuevo convertido al grupo celular. Entonces es invitado a participar en una clase de 18 lecciones para creyentes nuevos que continúa durante todo el año. El objetivo no es completar un curso, sino el lograr las siguientes metas:

1. Convicción de salvación.
2. Liberación y sanidad de los problemas pasados.
3. Bautismo en agua.
4. Llenura/bautismo en el Espíritu Santo.
5. Establecer una vida devocional espiritual: tiempo devocional, oración, etc.
6. El cambio de los valores básicos.

Entre cada serie se celebra un Retiro de Encuentro espiritual, fuera de la ciudad, donde se cubren seis de las 18 lecciones. Junto con la lección, muchos son llenos del Espíritu y liberados de la esclavitud del pasado. Todo nuevo creyente debe asistir a uno de estos retiros. Generalmente alrededor de una tercera parte de los que asisten son mentores o patrocinadores. Aproximadamente 50 personas asisten a cada retiro. Mientras se celebra el Encuentro del fin de semana, un equipo de intercesores está orando. Desde el comienzo de esta manera de realizar el seguimiento al comienzo del año, se están viendo los resultados. La mayoría de los que asisten a los retiros continúa en su compromiso cristiano.

DESARROLLO DEL LIDERAZGO

Durante los tres años anteriores, Abbalove quedó estancado en alrededor de 430-460 grupos celulares. Había dos razones para esto: Primero, no había ningún líder nuevo. Las personas sencillamente no tenían la visión. Segundo, a los grupos no les gustaba el sentimiento de divorcio que acompañaba la multiplicación celular.

Después de visitar Bogotá, Eddy y sus líderes colaboradores han adoptado la *visión* del modelo de los Grupos de 12, pero *no* la *estrategia*. Ahora ellos le enseñan a toda la congregación que cada miembro debe ser como Jesús: su carácter debe ser como la de Jesús, deben llegar a ser un líder como Jesús, y deben reproducirse en otros 12 como Jesús.

¡Pero mientras esta *filosofía* es similar a la iglesia en Bogotá, el *método* de llevarlo a cabo es muy diferente!

Previamente, la estructura de Abbalove era muy similar al modelo de los Grupos de 12. Todo estaba estructurado en un orden vertical, jerárquico, en la que cada miembro de una célula también dirigía una célula cuyos miembros a su vez dirigían otras células. Debido a los problemas con el modelo vertical anterior, Abbalove decidió adoptar un acercamiento *horizontal* al ministerio celular.[4] El ciclo vital de cada grupo celular está ahora dividido en 4 etapas: la infantil, la niñez, la juventud y la adulta.

Etapa Infantil (2-3 meses)

El enfoque durante esta fase está en unir las relaciones y en orar por los nuevos líderes. Se le pregunta a cada miembro celular: «¿Cuándo quiere llegar a ser un líder?» Si la respuesta es: «Dos años», esto se apunta. Luego el líder celular pregunta: «¿Cómo puedo ayudarle para que llegue a ser un líder?» Durante las siguientes etapas él/ella se ocupa principalmente de los que están más dispuestos a ser líderes.

Etapa de la Niñez (2-3 meses)

El líder celular pasa este próximo período discipulando los líderes potenciales en la célula. Normalmente, el líder celular se reúne con el equipo principal durante 30-45 minutos después de cada reunión celular para discipularlos. Él o ella los entrenará en las áreas de la fidelidad, la oración, el estudio de la Biblia, la comunión y la evangelización.

Etapa Juvenil (2-3 meses)

Al llegar a esta etapa los miembros de la célula son divididos, así cada miembro del equipo principal puede cuidar de otros dentro de la célula. Las reuniones celulares consisten ahora en dos secciones: la primera hora es similar a una reunión celular normal. Durante la segunda hora, los líderes potenciales se reúnen con nuevos líderes potenciales que ellos han ayudado o han traído al grupo, enseñándoles el mismo material básico.

Etapa Adulta (2-3 meses)

Ésta es la fase de la comprobación en la que los líderes potenciales (desde la *etapa del niño*) dirigen sus propios subgrupos (desde la fase de la juventud) como un grupo celular en un día distinto, con los líderes celulares que vigilan (normalmente visitando 2 células nuevas cada semana). Los nuevos líderes son estimulados para asistir al nuevo grupo celular y también la célula madre durante esta fase. Si una de las células nuevas no está funcionando bien, ellos pueden volver durante algún tiempo más a la célula madre. En cuanto las nuevas células estén funcionando bien, la célula madre deja de reunirse.

De esta manera, una célula puede multiplicar en un año, no en dos células nuevas, sino en tantas células como subgrupos hayan. Los supervisores de zona, como en el modelo 5x5, supervisan estas nuevas células. El líder celular original dirige una de las células nuevas, siguiendo adelante hasta que él o ella haya producido 12 líderes.

No sólo se logra deliberadamente más líderes en una forma gradual con este sistema, sino que el gradual nacimiento de subgrupos más pequeños dentro del grupo alivia el problema de la dolorosa separación en cuanto una célula alcanza un determinado número de personas.

Los resultados han sido animadores hasta ahora para Abbalove. Desde febrero de 1999, Abbalove ha crecido de 450 a 510 grupos celulares. ¡Ahora muchas personas quieren ser líderes! ¡Hay una nueva visión dentro de las células! Este sistema está orientado hacia el logro de propósitos en lugar de una orientación hacia los materiales. Mientras el equipo de liderazgo central da guía, cada congregación y zona tiene la libertad para desarrollar sus propios métodos para lograr el propósito.

Centro cristiano de Guayaquil

Guayaquil, Ecuador • Pastor Jerry Smith

Datos: 1.900 Células; 6.500 Asistencia del domingo

Yo visité CCG por primera vez en 1996. En ese momento, la iglesia seguía fielmente el modelo clásico 5x5 y había crecido para llegar a ser la iglesia más grande en Ecuador. Sin embargo, cuando el pastor Smith dio testimonio del crecimiento explosivo en Bogotá, decidió adoptar completamente el modelo G-12. CCG ha enviado más de 50 pastores y líderes a Bogotá para entender el modelo G-12 y luego implementarlo totalmente en CCG. Expresando su compromiso de hacer una completa transición al modelo G-12, Smith escribió a Ralph Neighbour, hijo, diciendo: «Todavía estamos luchando con la transición, aunque *no hay retorno posible* ni duda alguna sobre lo que vamos a hacer, con la gracia de Dios y Su ayuda».[5]

CCG inició la transición al modelo G-12 asignando a todos un ministerio. El pastor de distrito anterior, Johnny Ascenso, llegó a estar al frente del departamento juvenil. El pastor de distrito Inez Agüello fue puesto al frente de las mujeres y de las mujeres profesionales jóvenes. Otros comenzaron varios ministerios diferentes. A semejanza de MCI, la iglesia requería que cada persona tuviera un ministerio en la iglesia.

La primera vez que visité CCG en 1996, sus divisiones de grupos celulares tenían este aspecto:

DISTRITOS	GRUPOS CELULARES	ASISTENCIA
Distrito Uno	602	3.892
Distrito Dos	442	3.331
Distrito Tres	543	3.530
Total:	1.587	10.753

Después de iniciar su transición, sus células se parecían a esto:

TIPO DE GRUPO CELULAR	CANTIDAD DE GRUPOS CELULARES	ASISTENCIA EN LOS GRUPOS CELULARES
NIÑOS	171	1.047
ADOLESCENTES	83	382
JÓVENES	79	372
MUJERES	11	30
HOMBRES	27	140
MUJERES PROFESIONALES	20	116
HOMBRES PROFESIONALES	17	49
PAREJAS	18	118
CONSOLIDACIÓN	15	78
ADORACIÓN	21	152
ORACIÓN	91	572
CONSERVACIÓN	19	130
MINISTERIO DE CRISTO	24	1.255
ADICCIONES	0	0
CÉLULAS LICEALES (Solicitado para padres)	249	1.375
ADMINISTRACIÓN	15	58
CÉLULAS POR ZONAS GEOGRÁFICAS	635	2.672
CÉLULAS SATÉLITES	343	1.781
TOTAL:	1.838	10.327

CCG decidió hacer funcionar sus grupos celulares basado en categorías ministeriales homogéneas, aunque el Pastor Smith me dijo que las distinciones geográficas continuarían porque hacen que sea más fácil de poner los creyentes nuevos en células.[6]

CCG les pide a todos los líderes celulares que se comprometan a tres reuniones por semana. Cada líder celular se encuentra con su líder G-12 (primera reunión), se encuentra con sus propios miembros G-12 (segunda reunión), y dirige un grupo celular abierto (tercera reunión).

CCG ha diseñado su entrenamiento para el liderazgo siguiendo el modelo de MCI en Bogotá. Ellos tienen Retiros de Encuentro similares y a semejanza de MCI, su Escuela de Liderazgo dura nueve meses (tres trimestres).[7] CCG ha cambiado radicalmente para abrazar el modelo G-12.

Armando las piezas

Hemos analizado cuatro modalidades diferentes de la estrategia G-12 de cuatro iglesias distintas en cuatro continentes diversos. Henry Paasonen transformó el modelo G-12 en un nuevo paquete llamado el modelo D-4 –una mejora para la cultura posmoderna de Berlín, Alemania–. Viajando por el globo terráqueo hasta África del Sur, el Pastor Harold Weitsz y el personal de CCLF adaptaron y combinaron el modelo G-12 a su estructura 5x5 –y lo llama el modelo J-12–. En Indonesia, la Iglesia de Abbalove ha usado los principios G-12 eficazmente para transformar su seguimiento y reproducción celular. Jerry Smith y CCG, por otro lado, intencionalmente siguió el modelo G-12 en su integridad.

El capítulo doce sintetizará los modelos y principios que han surgido de las iglesias norteamericanas y también de las iglesias Internacionales.

CAPÍTULO 12

G-12 APLICANDO PRINCIPIOS A SU IGLESIA

En la introducción mencioné un pastor que visitó MCI en Bogotá, Colombia. Su nuevo fuego se apagó cuando se enfrentó con la realidad, y rápidamente aprendió que su visión y aspiración de ser como MCI era imposible. Pero hay buenas noticias. Él aprendió de sus fracasos. Aprendió que primero necesitaba introducir los valores de la iglesia celular básicos antes de lanzarse al modelo G-12. Aunque era difícil de aceptar, tuvo que admitir que había caído en la trampa de copiar un modelo en lugar de adoptar sus principios.

Para corregir estos errores, analizó su propio contexto y decidió implementar sólo los principios G-12 que mejor encajaban en su propia iglesia. Entonces usó los principios G-12 de que cada miembro es un líder potencial, cada líder un supervisor potencial, y hasta organizó su senda de entrenamiento teniendo en cuenta los principios G-12. Ahora se encuentra en el camino correcto.

LOS PRINCIPIOS TRANSFERIBLES DEL MODELO G-12

Algunos principios G-12 son más deseables que otros. Las iglesias, en otras palabras, repetidamente han escogido adoptar ciertos principios y excluir otros. Los siguientes principios le ayudarán en su camino al G-12.

Flexibilidad en la multiplicación celular

Libertad. El modelo G-12 otorga libertad a las iglesias celulares acostumbradas a un cierto estilo de multiplicación celular. Cuando visité por primera vez el Centro de Oración Mundial Betania en 1996, ellos habían llegado a un máximo de un poco más de 300 grupos celulares. Ahora tienen alrededor de 900 grupos celulares. El modelo G-12 le proporcionó la libertad a Betania para innovar y experimentar con las categorías homogéneas y maneras nuevas de empezar los grupos celulares.

Para la Iglesia Alianza de New Market e Iglesia Comunidad de Fe, el modelo G-12 los ayudó a obtener una visión para plantar células –comenzar una célula cuando había un líder entrenado y por lo menos una persona más–. Concentrándose en células más pequeñas y desarrollando el potencial de cada miembro celular le llevó a Henry Paasonen a desarrollar el modelo D-4. Tim Sheuer del Ejército de la Iglesia escribe: «Hay otras maneras de empezar los grupos, una mayor variedad en quién los dirige y libertad en cuanto a la ocasión cuándo se reúnen. Ahora los grupos pueden empezar dondequiera y del modo que quieran».[1]

A la mayoría de las iglesias les gustó el principio G-12 que las células pueden empezar siempre que haya un líder entrenado. Esto los liberó de esperar para tener un determinado número para dividir en dos grupos. Estas iglesias desecharon la forma tradicional de multiplicación madre-hija. Más bien, la filosofía G-12 les proporcionó algunas opciones adicionales, creativas.

Cada persona un líder potencial

Uno de los principios más liberadores de la filosofía G-12 es que cada miembro es un líder celular potencial. Muchas iglesias están simplemente desechando los títulos tales como aprendiz celular o ayudante celular, y en su lugar están llamando a cada miembro un líder potencial. La nueva manera de pensar es que todos estamos en el proceso de llegar a ser un líder celular. Para algunas iglesias, esta nueva visión los ha hecho simplificar sus sistemas de entrenamiento. En lugar de tener una senda de entrenamiento para cada posición (miembro celular, aprendiz celular, líder celular, etc.) las iglesias están simplificando su entrenamiento para capacitar a cada miembro para dirigir grupos celulares y para supervisar a otros.

Mantenimiento de las relaciones

Varias iglesias fueron atraídas al modelo G-12 porque la relación se mantiene entre la célula madre y la célula hija. Otra vez, esto trae nueva libertad y simplicidad preguntándole a cada líder de la célula madre que mantenga una relación estrecha con el nuevo líder celular. La Iglesia Comunidad de Fe, por ejemplo, ahora le pide a cada nuevo miembro de la iglesia que reciba el discipulado inmediatamente en un grupo pequeño, que se prepare para discipular a otros dirigiendo un grupo pequeño, y eventualmente discipular a los que están discipulando a otros (supervisión de otros líderes celulares). Tome en cuenta la continuidad de la relación –el líder de la célula madre mantiene sus vínculos con los nuevos líderes celulares.

Ministerio a los ministros

La mayoría de las iglesias estudiadas miraban sabiamente más allá de la metodología de un cierto número de reuniones al principio de ministrar a los ministros. Estas iglesias comprendieron que el ministerio del mundo real exige ajustes. Cuando el Pastor Tim Scheuer notó que el tiempo y la distancia frustraban su demanda para dos reuniones por semana, él buscó otras alternativas creativas. Se concentró en el principio de ministrar a los ministros en lugar del método de dos noches por semana. La Iglesia de las Naciones, por otro lado, descubrió que el desarrollo de dos juegos de vínculos (la célula madre y la célula hija) agobiaba a algunos líderes celulares; por lo tanto la iglesia desarrolló alternativas creativas para seguir ministrando a los ministros.

Realmente, la cuestión de un número fijo de reuniones ha hecho que muchas iglesias rechacen el concepto G-12 completamente. Sin embargo, surge un consenso que da énfasis al principio de satisfacer las necesidades del nuevo líder, en lugar de apilar más reuniones. Con tal de que los nuevos líderes celulares reciban ministerio por el líder de la célula madre, el número de reuniones no es tan importante.

UNA ESTRUCTURA MENOS JERÁRQUICA ES PREFERIBLE

A muchas de las iglesias les agradó la flexibilidad y la creatividad del modelo G-12. Les ayudó a estructurar sus células a lo largo de las líneas correlativas, como grupos homogéneos. Para estas iglesias, la estrategia G-12 los liberó de una jerarquía pesada en la cima que los oprimía en lugar de levantarlos.

LOS LÍDERES DEBEN MANTENERSE INVOLUCRADOS EN EL MINISTERIO

La estrategia G-12 ha animado a algunas de las iglesias estudiadas a mantener a sus líderes celulares activamente involucrados. Algunas iglesias están descubriendo que quitando a los supervisores de estar directamente involucrados en el grupo celular causa estancamiento. Siguiendo el modelo G-12, muchas iglesias les exigen a sus líderes celulares quedarse activamente involucrados dirigiendo un grupo celular, aun después de formar sus grupos G-12.

Otro rasgo atractivo es que el modelo G-12 requiere menos vínculos del personal. El Pastor Jerry Smith escribió este correo electrónico inmediatamente después de la conferencia de la iglesia celular anual de su iglesia en la que César Castellanos era el orador principal:

> No tengo planes de mantener pastores en el personal que tienen menos de 50 grupos celulares a partir del 30 de junio de 1998, con un par de excepciones. Me gustaría seguir su [de MCI] modelo. Los líderes con 250 grupos celulares se unen al personal con medio sueldo. Para agregar otros pastores adicionales al personal [MCI] espera que tengan 500 grupos celulares, con la asistencia de por lo menos 6 personas.[2]

ENTRENAMIENTO FACILITADO QUE SE CONCENTRA EN UN MINISTERIO INTENSIVO

El Modelo G-12 ayudó a casi todas las iglesias para simplificar su senda de entrenamiento y para dar énfasis al ministerio intensivo y la enseñanza en el formato de un retiro.[3]

REINVENCIÓN

La ciencia del cambio enseña que las nuevas ideas y conceptos raramente se aceptan tal como son presentados.[4] Las personas los reinventan para hacerlos suyos. Esto ciertamente es verdad con respecto al modelo G-12. Pocas iglesias escogieron adoptar el modelo G-12 en forma total. La mayoría prefirió reinventar este modelo según sus propias circunstancias y necesidades. La estrategia G-12 es un concepto tan fluido que se está adaptando rápidamente al cambiar en las diferentes culturas e iglesias.

Muchas iglesias están adaptando la composición de sus grupos a la luz del aprendizaje del modelo G-12. El modelo 5x5 tendió a enfocar en los grupos familiares en un marco geográfico. MCI, por otro lado, organiza las células en forma homogénea. Las iglesias como el Centro de Oración Mundial Betania y el Centro Cristiano de Guayaquil están combinando sus sistemas geográficos anteriores con un nuevo énfasis en los grupos homogéneos que son organizados según los principios G-12. De nuevo, las iglesias están reinventando el modelo G-12 para adecuarse a su propia situación.

Dave Brandon de la Alianza de Newmarket en Ontario, Canadá, dice: «Habíamos estado tratando de implementar el modelo celular durante siete años. Después de conocer el modelo G-12, tomamos los principios importantes del modelo, y entonces nos olvidamos de G-12 y desarrollamos nuestro propio modelo».[5] Brandon aconseja lo siguiente: «Deje que la estructura surja desde las raíces».[6] Después de sumergirse en los seminarios, libros e intercambio de ideas con otras iglesias, los miembros de Brandon descubrieron su propio modelo que se adecuaba a su contexto particular. No hay ningún atajo en este proceso. Usted no puede copiar el modelo de otra persona. Debe ser reinventado en oración para adecuarse a su propia situación.

No se olvide de los valores de la iglesia celular

Los que están en MCI hablan constantemente sobre el poder espiritual, las victorias espirituales, la liberación espiritual y relativamente poco acerca del «modelo». Las iglesias norteamericanas tienden a enamorarse del modelo. No obstante, una iglesia nunca conseguirá los mismos resultados como Bogotá simplemente copiando un modelo sin tomar consigo los valores de la iglesia. Tim Sheuer hace eco de una preocupación similar: «Muchas iglesias quieren los resultados del Nuevo Testamento sin los valores del Nuevo Testamento. Los valores son críticos. Nosotros estábamos haciendo células aun antes de haber oído hablar del modelo G-12, de modo que teníamos una ventaja en cuanto a los valores. No pienso que habría funcionado si ya no hubiéramos cambiado nuestros valores».[7]

No necesita viajar a Bogotá para empezar a estructurar su iglesia para una mayor movilización de liderazgo. Empiece con los principios G-12 y aplíquelos a su propio contexto. Aprenda de las doce iglesias anteriores que ya han abierto nuevos caminos usando el modelo G-12. Tome el mejor con orgullo. Cuando usted combine estos principios con los valores probados de la iglesia celular, usted empezará a ver resultados excitantes.

APÉNDICE

DETALLES OCULTOS DEL MODELO G-12

Mi primo Mike intentó durante días arreglar mi gastada computadora portátil, pero sin tener éxito. «El sistema del registro en Windows 95 es muy complicado», dijo él. Procedió entonces a mostrarme un libro gigantesco que comprendía el registro de Windows 95. Con 30.000 líneas de código de la computadora, es mejor no tocar el registro de Windows 95 a menos que usted sepa lo que está haciendo. MCI tiene muchas etapas y detalles que no son obvios a primera vista. Este apéndice ofrece una mirada al funcionamiento interno del registro de MCI.

Secciones del ministerio en MCI

En MCI hay una gran variedad de ministerios. Los ministerios incluyen: adoración, guerra espiritual, asesoramiento, ujieres, seguimiento, acción social, cuidado pastoral, contabilidad, vídeo, sonido, librería, y otros.

Cuando visité MCI por primera vez en 1996 y 1997, los grupos celulares y los grupos G-12 estaban vinculados a ciertos ministerios particulares. Los grupos celulares fueron identificados por los distintos ministerios: ministerios particulares: grupos celulares de adoración, grupos celulares de ujieres, grupos celulares de guerra espiritual, y otros. Dependiendo del tamaño y especificidad del ministerio, podrían haber muchos grupos celulares, o muy pocos. Un departamento ministerial como ser el de sonido, acción social o contabilidad tendría menos grupos celulares que los ministerios mayores tales como el juvenil, de adoración, el ministerio de los varones o el de las mujeres.

Aunque ésta era una manera creativa de organizar los grupos celulares, la amplia variedad de ministerios parecía embarazosa y programática. He conocido a varios pastores que volvieron de Bogotá con una nueva visión para agregar programas (ministerios) a su iglesia celular. Ellos se marcharon pensando: «Por fin puedo tener una iglesia celular con una amplia gama de ministerios. Voy a empezar a implementar el ministerio de hombres inmediatamente, de acción social y de TV, etc.»

En cuanto a MCI, los ministerios eran simplemente una manera de agrupar a las personas.[1] MCI entendió cómo ordenar todo, pero a menudo otros no pueden.

Yo aconsejo a las personas que no copien a MCI agregando toda clase de ministerios. Primero se deberían hacer las siguientes preguntas:

¿Se necesita un nuevo ministerio?

¿Pueden las células satisfacer la necesidad de este nuevo ministerio?

¿Cómo planea usted integrar este nuevo ministerio en la estructura celular actual?

Agrupaciones homogéneas

Cuando visité MCI en 1998 y 1999, los grupos celulares y los grupos G-12 estaban ya vinculados a los grupos homogéneos (hombres, mujeres, parejas, profesionales jóvenes, juventud, adolescentes, y niños) en lugar de los departamentos del ministerio particulares.

Si usted está bajo el ministerio de hombres, todos sus discípulos serán hombres. Si usted está bajo el ministerio de mujeres, todos sus discípulos serán mujeres. En Bogotá, si usted fuera un discípulo bajo César Castellanos, en su grupo celular abierto probablemente todos serían varones (aunque esto ya no es exigido). Ésta es la progresión lógica en la categoría homogénea llamada hombres en MCI. ¿Por qué? Porque cada miembro de su célula es un líder potencial y sólo los líderes de células pueden ser discípulos. Si usted tuviera mujeres asistiendo a su célula de hombres, usted no podría considerarlos como líderes potenciales, ya que sólo podría dirigir (discipular) los líderes masculinos.

Sólo bajo el ministerio de las parejas podría usted discipular tanto al marido como a su esposa. En este caso, usted ministraría con su esposa y los grupos celulares abiertos también incluirían a hombres y mujeres. En MCI, no hay ninguna diferencia en el ministerio juvenil. Entre los jóvenes, una hermana que está discipulando podría tener varios varones jóvenes a su cargo. Mientras visitaba MCI en 1998, conocimos a Joahnna, la hija mayor de César y Claudia Castellanos, junto con su grupo G-12. La mayoría de sus discípulos eran jóvenes varones.

La iglesia celular en todo el mundo está aprendiendo que las barreras geográficas estrictas a menudo impiden en lugar de fortalecer el ministerio celular. Pero este argumento es igualmente válido con respecto a los límites homogéneos estrictos, como hombres y mujeres. Recuerde, el impulso de los grupos homogéneos es estimular el crecimiento debido a las agrupaciones naturales. No permita que sus agrupaciones naturales formen una cortina de hierro en torno a su ministerio.

Personalmente no me agrada la idea de separar en grupos de hombres o grupos de mujeres. Me parece demasiado artificial. Un ministerio masculino en la iglesia como los Guardianes de la Promesa (Promise Keepers), no está mal. ¿Pero por qué no se les permite a las personas orientarse libremente hacia dichos grupos, en lugar de insistir sobre ello?

Tenga especial cuidado aquí mientras su iglesia hace la transición al modelo G-12. Yo aconsejaría que usted no mencione siquiera la dicotomía hombres/mujeres de Bogotá. Yo veo esto como algo aparte.

«¿Pero no deben los hombres discipular hombres y las mujeres discipular mujeres?» Ésta es una pregunta razonable. Primero, usted debe recordar que el discipulado en el sistema G-12 no es un discipulado intensivo de uno a uno. Por lo general, el discipulado ocurre al nivel de grupo. Todo el grupo G-12 se reúne. En segundo lugar, el sistema G-12 enfatiza el cuidado pastoral más que el discipulado intensivo. Su senda de entrenamiento debe proporcionar la porción del león de la enseñanza y la capacitación. Su estructura G-12 proporciona el cuidado y apoyo, muy semejante al modelo Jetro.

Luis Salas explicó claramente que las divisiones en hombre, mujeres y parejas son más una metodología que otra cosa. Nos dijo que esto es exclusivo en Bogotá y necesariamente no debe ser seguido en todos los contextos.[2]

CUÁNDO DEJAR DE DIRIGIR UN GRUPO CELULAR

MCI ha luchado con esta pregunta. Cuando visité MCI en 1997, uno de los líderes principales insistió que la solución era que todos mantuvieran una célula abierta. Ésta era la respuesta oficial que se propagaba entre los jóvenes en ese momento. Era una cuestión simple de agregar otra reunión a una ya atestada agenda.

La más reciente línea de pensamiento (según se ha tratado en el Capítulo Cuatro) es que usted continúe dirigiendo un grupo celular abierto hasta que usted tenga sus 144, es decir, hasta que cada uno de sus doce también haya encontrado sus doce. Pero hasta entonces usted sigue dirigiendo una célula abierta para continuar haciendo discípulos (produciendo nuevos líderes). Usted pasaría estos nuevos discípulos a los doce que están a su cargo, hasta que cada uno de ellos haya formado sus doce.[3]

En nuestra adaptación del modelo G-12, yo mantengo mi grupo celular, mientras superviso los de mi grupo celular que han abierto su propio grupo. Yo debo supervisar los líderes celulares que han empezado grupos de mi grupo celular, pero también mantengo mi grupo abierto.

Ahora, es verdad que la mayoría de las iglesias que han adoptado el modelo G-12 le dirán que una vez que haya encontrado sus doce discípulos, usted ya no necesita tener un grupo celular abierto. Reflexionando sobre este pensamiento, Randall Neighbour escribe lo siguiente:

> Cuando usted tiene hasta doce parejas (trabajando como uno) o individuos con sus propios grupos que se reúnen otro día diferente a su reunión con ellos, usted tendrá un grupo de doce y podrá cerrarlo. Los creyentes nuevos que usted alcance personalmente para Cristo se quedarán en su grupo original durante un par de semanas e irán a uno de los grupos de sus miembros.[4]

Yo preferiría que alguien mantenga un grupo celular abierto y se reúna con sus doce en forma bimensual o mensualmente sin dejar de dirigir un grupo celular. Las células abiertas son la vida de la iglesia celular, y recomiendo que todos los líderes dirijan una. Si no se dirige un grupo celular abierto, se puede perder contacto con la evangelización. Usted perderá contacto con el corazón mismo de la iglesia celular.

La sugerencia de Randall de que las conversiones del grupo G-12 se pasen a los doce discípulos también tiene sus problemas. Como Mike Atkins, el pastor principal anterior de la Iglesia de las Naciones en Atenas, Georgia, dice:

> ... los individuos que son llevados a Cristo por una persona pueden ser discipulados y entrenados por alguien que no tenga ningún vínculo con ellos. Esto puede plantear la tensión de una falta de homogeneidad si no se puede hallar una célula que sea adecuada a la ubicación del individuo en su vida, su nivel económico o sus necesidades personales.[5]

CONFUNDIENDO G-12 CON OTRAS ÁREAS DE MCI

MCI tiene una senda de entrenamiento excelente, pero esto también es cierto de muchas otras iglesias celulares alrededor del mundo. No confunda el modelo G-12 con la senda de entrenamiento. El modelo G-12 es un sistema para cuidar los que han realizado la senda de entrenamiento; no es la senda de entrenamiento. Entrenar el liderazgo celular es diferente del modelo G-12. Alan Creech escribe:

> Creo que parte de la confusión sobre este Principio de 12 sucede porque estamos mezclando un sistema con una teología. Lo que quiero decir es que simplemente porque César Castellanos lleva a las personas a un retiro de «limpieza» ... eso no significa que nosotros tenemos que hacerlo, y realmente no tiene nada que ver con el modelo del Principio de 12.[6]

Cada iglesia celular entrena a sus futuros líderes en forma específica, pero el entrenamiento del liderazgo es diferente del modelo G-12. La senda de entrenamiento debe dedicarse a una sola cosa: entrenar. No espere que niveles más altos de entrenamiento surjan de su sistema G-12. Se sentirá defraudado.

NOTAS

INTRODUCCIÓN

1. Me Refiero al Centro Cristiano de Guayaquil (2.000 células y una asistencia de 7.000), el Centro de Oración Mundial Betania (más de 800 células y una asistencia de 8.000), Iglesia Agua Viva (900 células y 9.000 personas asistiendo) y MCI mismo.
2. Jim Egli, *What Do I Do with the G-12 Model?* (¿Qué hago con el Modelo G-12?) CellChurch Vol. 7, N.º 4 (Otoño 1998): 26-27.
3. César Castellanos, *Sueña y Ganarás el Mundo* (Bogotá, Colombia: Editorial Vilit, 1998), 86.
4. César Castellanos, «Liderazgo Exitoso por Medio del Modelo G-12», Cassette de audio de un sermón presentado en la Cuarta Convención de Multiplicación y Avivamiento, enero de 1999.
5. *Ibíd.*
6. César Castellanos, «El Método Celular a Través de los Grupos de Doce», Mensaje en cassette de audio dado en Agua Viva en Lima, Perú, en marzo de 1998. Con respecto a la responsabilidad de las personas, he descubierto que esto es verdad. Antes de comenzar el sistema G-12 en nuestra iglesia, yo era el director de una zona con 25 grupos celulares. Yo me sentía responsable del cuidado de los nuevos líderes. «Después de todo, yo soy el director», decía. Después que nuestra iglesia cambió al modelo G-12, cambié mi filosofía. Yo esperaba que cada líder tomara la responsabilidad plena de reunirse regularmente con los discípulos bajo su cuidado. El modelo G-12 me ayudó a pasarles el bastón de responsabilidad y cuidado pastoral a mis líderes celulares. Le ayudará a usted a hacer lo mismo.
7. Mi investigación de MCI incluye cuatro visitas, mirar 12 videocassettes, escuchar unos 24 cassettes de audio, estudiar todos sus materiales escritos en español, asistir a muchos de sus servicios, administrar una encuesta de 29 preguntas a muchos de sus líderes celulares, y entrevistar un gran número de sus líderes principales. Probablemente la parte más importante de mi «educación G-12» realmente estuvo en mi participación como pastor en la transición al modelo G-12, ya que durante ese tiempo tuve que luchar con los principios G-12 en un nivel personal.

CAPÍTULO 1

1. Patrick Johnstone, *Operation World* (Operación Mundo) (Grand Rapids, MI,: Zondervan Publishing House, 1993), pág. 174.
2. Es asombroso cómo toda su familia ha venido ahora a Cristo y un número grande de ellos trabaja en MCI. Al principio él tenía que separarse de ellos, pero entonces César y Claudia Castellanos empezaron a orar por ellos. Por medio de la oración ferviente, ellos recibieron a Jesús.
3. César Castellanos, El Fundamento de la Palabra (Bogotá, Colombia,: Editorial Vilit, 1999), pág. 53.
4. Castellanos, *Sueña y Ganarás el Mundo*, pp. 11-12.
5. *Tent of Meeting in Print* (El Tabernáculo de Reunión en Imprenta) (mayo - agosto de 1997). Este artículo fue publicado en Joy Magazine (Julio 1997), 4 Sometido con

permiso para su publicación en Internet obtenido de Peter Wreford, el editor (editor.newlife@hertz.ukonline.co.uk) el 31 de julio de 1997. Oficina editorial: New Life Publishing Co., PO Box 64, Rotherham, South Yorkshire S60 2YT.
6. César Castellanos «Explorando los Grupos de Doce», Entrevista por Jim Egli, CellChurch Vol 7, No. 2 (Primavera 1998), 24.
7. Ibíd.
8. Ibíd.
9. Ibíd.
10. César Castellanos, «Successful Leadership Through the G-12 Model» (Liderazgo Exitoso por medio de los Grupos de Doce), Mensaje en cassette de audio
11. César Castellanos «Exploring the Groups of Twelve» (Explorando los Grupos de Doce), 24.
12. César Castellanos, *Sueña y Ganarás el Mundo*, p. 68.
13. Ibíd., 69.
14. César Fajardo no sólo comenzó los primeros grupos G-12 exitosos en MCI, sino que también estableció el sistema de seguimiento (consolidación) y los Retiros de Encuentro. Se conoce bien que el ministerio juvenil es el más exitoso en MCI.
15. César Castellanos, «Exploring the Groups of Twelve» (Explorando los Grupos de Doce), 24.
16. Cuando estuve en marzo de 2000, había 18.000 personas en el culto juvenil del sábado, alrededor de 29.000 en los cultos del domingo de mañana. En este momento, MCI considera el culto del sábado de noche como un culto independiente y no espera que los que asisten el sábado asistan a los cultos de adoración del domingo.
17. César Castellanos, *Sueña y Ganarás el Mundo*, 87.
18. «La Tienda De Reunión Impreso», 4.
19. César Castellanos, *Sueña y Ganarás el Mundo*, 38.
20. Fuente desconocida. Descubrí este poema y lo apunté mientras asistía al Instituto Bíblico Prairie en Alberta, Canadá, en 1979.
21. José María Villanueva, «The Development of the Encounters» (El Desarrollo de los Encuentros), cassette de audio de la Cuarta Convención de Multiplicación y Avivamiento, enero de 1999.
22. Esta información vino de una variedad de fuentes, sobre todo de Luis Salas, uno de los doce de César Castellanos cuando hablé con él el día domingo, 18 de abril de 1999. También he oído que Claudia Castellanos recibió una visión que sus niños serían secuestrados a menos que ellos se mudaran a Miami.

CAPÍTULO 2

1. César Fajardo, «Commit Your Life to the Divine Vision» (Comprometa Su Vida con la Visión Divina), cassette de audio del mensaje presentado en la Cuarta Convención de Multiplicación y Avivamiento, enero de 1999.
2. Césár Castellanos, «Successful Leadership Through the G-12 Model" (Liderazgo Exitoso a Través del Modelo G-12), cassette de audio.
3. César Castellanos, «Anointing for Multiplication» (La Unción para la Multiplicación), mensaje en cassette de audio dado en el Centro de Oración Mundial Betania, noviembre de 1997.
4. En 1996, por ejemplo, las células eran organizadas alrededor de varios ministerios diferentes (por ej., células de adoración, células de guerra espiritual, etc.). En 1997, reorganizaron las células en torno a varias categorías homogéneas (por ej., células de hombres, células de mujeres, etc.).
5. Frank González, «What is a Cell Group?» (¿Qué es un Grupo Celular?) Cassette de audio del mensaje presentado en la Cuarta Convención de Multiplicación y Avivamiento, enero de 1999.
6. *The American Heritage, Dictionary of the English Language* (La Herencia Americana, Diccionario del Idioma Inglés, Ed 3) s.v. «espiritualidad».
7. Días antes de que yo llegara a Colombia, los guerrilleros habían secuestrado a setenta personas. La iglesia respondió orando durante veinticuatro horas a través de su propia estación de radio nacional.

8. César Castellanos, *Sueña y Ganarás el Mundo*, 91
9. César Castellanos, seminario celular en mayo de 1998 en Quito, Ecuador.
10. Freddy Rodríguez, «A Successful Cell Vision» (Una Visión Celular Exitosa), vídeo del mensaje dado en 1996 en la Conferencia de la Iglesia Celular en Bogotá, Colombia, 1996.
11. Para llegar a la posición de auxiliar del líder de oración, por ejemplo, usted debe haber emprendido cinco ayunos de tres días, mientras la posición de líder del grupo de oración es reservada para los que han emprendido tres ayunos de cuarenta días.
12. En estos ayunos largos, la norma es ayunar durante el día y luego comer por la noche.
13. Es cierto, esta característica no viene naturalmente a los líderes norteamericanos. Y también es cierto, yo estoy dispuesto a admitir que el liderazgo latinoamericano es más autoritario y la sumisión es más fácil de lograr en dicha cultura. Sin embargo, sin tener en cuenta la cultura, la sumisión, como el aceite, evita la fricción en el sistema G-12, y hacemos bien si reconocemos este principio.
14. Jorge López, El Perfil de un Líder (Fraternidad Cristiana de Guatemala, Guatemala, n.d.), 1.
15. Entre los jóvenes, el líder de un grupo celular que también tiene discípulo(s) bajo él se espera que asista a por lo menos seis reuniones por semana: su propia célula, la reunión con sus discípulos, la reunión con su discipulador, parte de la escuela de liderazgo, el culto juvenil, y el culto de adoración del domingo por la mañana.
    Los líderes en el departamento de adoración fueron estimulados para dirigir tres grupos celulares por semana, asistir al tiempo de adoración del jueves, el culto del domingo, etc. Yo asistí a una clase de entrenamiento para el liderazgo de una célula en la que se anunció que sólo los que estaban dirigiendo tres grupos celulares tendrían el privilegio de asistir a un retiro especial.
16. Mike Osborn, «The Heart Behind Cells» (El Corazón detrás de las Células), CellChurch, Vol. 8, n.º 1 (Invierno 1999), 26.
17. Parece que ciertos líderes están reconociendo ahora que si ellos no tienen cuidado, podrían quedar agotados.
18. James C. Collins & Jerry I. Porras, *Built to Last: Successful Habits of Visionary Companies* (Construido para Durar: Los Hábitos Exitosos de las Compañías Visionarias), New York: Editorial HarperCollins, 1994, 121.
19. Ibíd, 132.
20. César Castellanos, «Successful Leadership through the G-12 Model» (Liderazgo Exitoso a través del Modelo G-12) Cassette de audio.
21. Ibíd.
22. Ibíd.
23. Ibíd.
24. César Fajardo, «A Successful Cell Vision» (Una Visión Celular Exitosa), cassette de vídeo del mensaje dado en MCI en Bogotá, 1996.
25. César Fajardo, La Visión, cassette de audio del mensaje de la Cuarta Convención de Multiplicación y Avivamiento, enero de 1999.
26. «El Tabernáculo de Reunión en Imprenta», 4.
27. César Castellanos, 10 Mandamientos para el Grupo Celular, Cassette de vídeo del mensaje presentado en la conferencia de MCI en Bogotá, 1997.
28. César Castellanos, «Transitioning to the Cell Church Philosophy» (Realizando la Transición a la Filosofía de la Iglesia Celular), cassette de audio del mensaje presentado en la Cuarta Convención de Multiplicación y Avivamiento, enero de 1999.
29. César Castellanos, *Sueña y Ganarás el Mundo*, 172.
30. Ibíd., 174.
31. Ibíd., 175.
32. César Castellanos, cassette de vídeo del seminario celular, mayo de 1998 en Quito, Ecuador.
33. César Castellanos, *Sueña y Ganarás el Mundo*, 174.
34. Richard B. Wilke, *And Are We Yet Alive?* (¿Y Estamos Vivos Todavía?) (Nashville, TN) Abingdon Press, 1986), 59.

35. César Castellanos, «Anointing For Multiplication» (Unción para la Multiplicación), cassette de audio del mensaje dado en el Centro de Oración Mundial Betania, noviembre de 1997.
36. Yo siento un tremendo respeto por Claudia Castellanos. Ella explica claramente los G-12 y la visión celular. Ella es una excelente oradora y una persona muy cortés. He tenido el privilegio de poder pasar un tiempo muy bueno con ella en 1996 cuando con mucha gracia me explicó la visión de MCI.
37. Varios miembros de la familia del Pastor Castellanos ocupan algunos puestos del personal. En 1996, hablé personalmente con dos hermanas, dos hermanos y la madre del Pastor Castellanos antes de hablar con el Pastor Castellanos. Varias personas en la familia de Claudia Castellanos (la esposa del pastor) también tienen posiciones importantes en la iglesia.
38. César Castellanos, *Sueña y Ganarás el Mundo*, 84.
39. Claudia Castellanos, cassette de vídeo del seminario celular dado en mayo de 1998, en Quito, Ecuador.
40. Ibíd.
41. César Castellanos, *Sueña y Ganarás el Mundo*, 169.
42. Ibíd., 87.
43. Ibíd., 165.
44. Ibíd., 166. César recuerda que un líder dijo: «Estoy afligido, pastor, porque no puedo dejar la visión de la iglesia celular».
45. Ibíd.
46. César Castellanos, «10 Commandments For the Cell Group» (10 Mandamientos para el Grupo Celular), cassette de vídeo.

CAPÍTULO 3

1. A continuación está el análisis de los grupos celulares en 1998.

Células entre jóveves en la Iglesia Madre	6.500 Grupos celulares
Células homogéneas adicionales en la Iglesia Madre	11.500 Grupos Celulares
Células en las Iglesias Satélites	6.000 Grupos Celulares
Total de los grupos Celulares	24.000 Grupos Celulares

En marzo de 1999, MCI reveló que ellos habían cerrado 6.000 grupos celulares que eran muy pequeños, o que sólo existían en el papel. Ellos están intentando empezar células más fuertes, con por lo menos seis personas.

2. César Castellanos, 10 Mandamientos para el Grupo Celular, cassette de vídeo.
3. Claudia Patricia Lorelli, líder principal de la adoración en MCI, enseña a la gente que cada célula es una pequeña iglesia y el líder vela por las personas en esa iglesia. El líder se prepara toda la semana para satisfacer las necesidades de cada miembro celular. Él o ella edifican y pastorean a las personas. El líder convoca a las personas a la célula. Él lleva la carga de todos los líderes celulares. «Cells: The Backbone of the Church» (Células: La Columna Vertebral de la Iglesia, Cassette de audio del mensaje de la Cuarta Convención de Multiplicación y Avivamiento, enero de1999). El líder celular en MCI recibe instrucciones, incluso, para conocer la situación financiera de los miembros. Al mismo tiempo, se les prohíbe estrictamente que los líderes celulares presten dinero.
4. César Castellanos, «Exploring the Groups of Twelve» (Explorando los Grupos de Doce), 24.
5. César Castellanos, «Transitioning to the Cell Church Philosophy» (Realizando la transición a la Filosofía de la Iglesia Celular), cassette de audio.
6. Frank González, «What is a Cell Group?» (¿Qué es un Grupo Celular?), Cassette de Audio.

7. César Castellanos, «Transitioning to the Cell Church Philosophy» (Realizando la transición a la Filosofía de la Iglesia Celular), cassette de audio.
8. Ibíd.
9. El ejemplo de Ricardo es muy común en MCI. Yo no podía creerlo cuando uno de los líderes en ciernes entre los profesionales me dijo que él tenía planes de dirigir doce grupos personalmente, mientras los delegaba despacio a sus discípulos. Aunque muchas de las células son débiles y pequeñas, el énfasis en la multiplicación ayuda a que el líder desarrolle habilidades importantes, evangelice a sus amigos y familia, y que cuide la iglesia en general.
10. Entrevista realizada por el autor a Eddie, uno de los doce de Freddy Rodríguez, mayo de 1998.

CAPÍTULO 4

1. Es cierto, el sistema G-12 ya ha sido adaptado para satisfacer las necesidades de la cultura norteamericana, y la mayoría de las adaptaciones no requieren tres reuniones distintas. El tiempo de discipulado en el Centro de Oración Mundial Betania, por ejemplo, ocurre en la célula madre. En Betania los líderes celulares nuevos dirigen su propio grupo y también asisten a la célula madre todas las semanas. De este modo, la multiplicación tiene lugar sin división. Aunque COMB ha reducido con éxito el número de reuniones de tres a dos, es dudoso que se logre un discipulado profundo en el contexto de una reunión de un grupo celular casero normal. Una reunión celular normal se enfoca en la edificación más bien que en un discipulado profundo. En algunos casos los nuevos líderes se reúnen con su líder media hora antes de que comience la reunión, pero esto no es un requisito (vea Capítulo 10 para una información mayor sobre el Centro de Oración Mundial Betania).
2. Hasta hace poco tiempo los líderes celulares en el departamento homogéneo de los hombres sólo podían dirigir grupos celulares masculinos. A partir de marzo de 1999, MCI aflojó esta regla y una vez más los grupos celulares bajo la red de hombres pueden ser heterogéneos. Sin embargo, si un discípulo masculino está bajo la red de César Castellanos, él sólo puede incluir otros varones en su Grupo G-12.
3. Correo electrónico enviado al autor por César Fajardo, 1 de diciembre de 1998.
4. César Castellanos, «The Cell Method through the Groups of Twelve» (El Método Celular a través de los Grupos de Doce), mensaje en cassette de audio dado en la Iglesia de Agua Viviente, Lima, Perú, en marzo de 1998. A veces parece que MCI enseña que cada persona «escoge» sus discípulos subjetivamente, según las características particulares en el discípulo potencial. Yo hablé con un líder que me dijo que él tenía siete discípulos, pero que realmente sólo tres de ellos estaban dirigiendo grupos celulares. Los otros cuatro estaban en el «proceso» de llegar a ser líderes celulares. Debemos admitir que esta es una área de confusión en la que distintos pastores de MCI darán opiniones diferentes. Yo he intentado describir la realidad de un discípulo en MCI. Prácticamente, todos los discípulos deben dirigir por lo menos una célula. Para mayor claridad, es mejor distinguir entre un «discípulo en proceso» (alguien que no estaría dirigiendo una célula en la actualidad) y «uno de los doce» (uno que está dirigiendo una célula).
5. César Castellanos, *Sueña y Ganarás el Mundo*, 91-92.
6. Luis Salas no permite que ninguno de sus «discípulos potenciales» gradúen del primer semestre de la escuela de liderazgo a menos que él o ella estén dirigiendo un grupo celular. Si ellos no han «dado fruto» en ese tiempo, Salas termina a menudo la relación.
7. Luis Salas, seminario celular dado en la Iglesia de la República en Quito, Ecuador, noviembre de 1998.
8. César Castellanos, Unción para la Multiplicación, cassette de audio.
9. César Castellanos, Liderazgo Exitoso a través del Modelo G-12, cassette de audio.
10. Ibíd.
11. César Castellanos, El Método celular a través de los Grupos de Doce, cassette de audio.

12. El Pastor Castellanos ministra a sus discípulos todos los lunes (aunque había siempre más de 12 presentes). Siguiendo el ejemplo de su pastor, los doce de César cuidan a los que están bajo ellos y el modelo del cuidado continúa en toda la iglesia.
13. César Castellanos, «Explorando los Grupos de Doce», 24.
14. Luis Salas, seminario celular dado en la Iglesia de la República en Quito, Ecuador, noviembre de 1998.
15. Ibíd.
16. Todavía tengo que descubrir un «material para el discipulado» que sea usado por todos los grupos G-12 en MCI. Es la norma que cada líder G-12 use su propio material según las necesidades del grupo. Yo estuve presente en una reunión G-12 de César Fajardo que se reunió después del culto de adoración matutino. Me di cuenta de la obediencia e interacción, pero había una carencia de un enfoque profundo y sistemático de la Biblia. Es posible, sin embargo, convertir el sistema G-12 en una poderosa estructura para el discipulado. Pero en la práctica, las palabras *cuidado* y *atención pastoral* describen mejor el sistema G-12.

CAPÍTULO 5

1. Luis Salas, seminario celular dado en la Iglesia de la República en Quito, Ecuador, noviembre de 1998.
2. César Castellanos, *Sueña y Ganarás el Mundo*, 101.
3. Frank González, «What is a Cell Group?» (¿Qué es un Grupo celular?), Cassette de audio.
4. Mercedes de Acevedo, «Developing Leaders in order to Develop Others» (Desarrollando Líderes para Desarrollar a Otros), Cassette de audio del mensaje dado en la Cuarta Convención de Multiplicación y Avivamiento, enero de 1999.
5. César Castellanos, *Sueña y Ganarás el Mundo*, pág. 96.
6. Ibíd., 95.
7. César Castellanos, «Explorando los Grupos de Doce», 24.
8. César Fajardo y Lucho Salas, Correo electrónico enviado al autor, junio de 1998.
9. César Castellanos, *Sueña y Ganarás el Mundo*, 95.
10. Luis Salas, seminario celular dado en la Iglesia de la República en Quito, Ecuador, noviembre de 1998.
11. La iglesia da una invitación muy general, casi al punto de incluso pedirles a los que van por primera vez que se adelanten, ya sea que hayan recibido a Cristo, o no. ¿Por qué? Porque en otro cuarto, los obreros especializados repasan diligentemente el plan de salvación. En otras palabras, ellos no esperan que la persona en el culto grande realmente sepa lo que está haciendo. Ellos simplemente tiran la red en la invitación general y luego la entran durante el tiempo de consolidación.
12. Si María fuera una profesional joven, ella tomaría las mismas lecciones de la sección profesional joven.
13. César Castellanos, «Explorando los Grupos de Doce», 24.
14. Ibíd.
15. César Castellanos, *Sueña y Ganarás el Mundo*, pág. 104. José María Villanueva, «The Development of the Encounters» (El Desarrollo de los Encuentros), Cassette de audio.
16. César Fajardo, La Visión, Cassette de audio.
17. José María Villanueva, «The Development of the Encounters» (El Desarrollo de los Encuentros), Cassette de audio.
18. Claudia Castellanos, «Encounter Retreat: The Discipleship Base», (Retiro de Encuentro: La Base del Discipulado), cassette de audio del mensaje dado en la Cuarta Convención de Multiplicación y Avivamiento, enero de 1999 y José María Villanueva, El Desarrollo de los Encuentros, cassette de audio.
19. César Castellanos, «Explorando los Grupos de Doce», 24
20. José María Villanueva, El Desarrollo de los Encuentros, cassette de audio.
21. Claudia Castellanos, «Encounter Retreat: The Discipleship Base» (Retiro de Encuentro: La Base del Discipulado), cassette de audio.

22. César Castellanos, *Sueña y Ganarás el Mundo*, 104.
23. José María Villanueva, El Desarrollo de los Encuentros, cassette de audio.
24. César Fajardo me mencionó que hablar en lenguas es esencial para el liderazgo celular. César Castellanos dice lo mismo en *Sueña y Ganarás el Mundo*, pág. 104, al igual que Claudia Castellanos en «Encounter Retreat: The Discipleship Base» (Retiro de Encuentro: La Base del Discipulado), cassette de audio.
25. Claudia Castellanos, «Encounter Retreat: The Discipleship Base», (Retiro de Encuentro: La Base del Discipulado), cassette de audio.
26. Ibíd.
27. Hace un año, MCI ofrecía cuatro lecciones que trataban acerca de las tentaciones, la guerra espiritual, cómo vivir una vida santa (sobre todo cuando tiene que ver con el trato con las amistades que no son cristianas), y cómo administrar las finanzas.
28. Castellanos dice que antes de enseñar estas lecciones después del Encuentro, el 70% de las personas se iban de la iglesia en 2-3 meses después de asistir a un Retiro de Encuentro. Desde entonces, el Pastor Castellanos dice que ahora ellos conservan el 100% de los frutos (César Castellanos, seminario celular en mayo de 1998 en Quito, Ecuador). Este porcentaje me parece sumamente alto, y no puedo estar seguro de su validez estadística. Es, sin embargo, una cita real de César Castellanos.
29. Mercedes de Acevedo, «Developing Leaders in order to Develop Others» (Desarrollando Líderes para Desarrollar Otros), Cassette de audio
30. Ibíd. MCI a menudo cita a Matthew Henry y Derek Prince en sus enseñanzas.
31. Ibíd.
32. César Fajardo, «La Visión», cassette de audio.
33. Mercedes de Acevedo, «Developing Leaders in order to Develop Others» (Desarrollando Líderes para Desarrollar Otros), Cassette de audio
34. En octubre de 1996, la asistencia a un segundo Retiro de Encuentro era sólo un requisito para los líderes de los grupos celulares juveniles. En marzo de 1997 toda la iglesia requería el segundo Retiro. Todos conocen en MCI que el ministerio de los jóvenes es el más eficaz en toda la iglesia, y que una idea debe ser comprobada primero entre los jóvenes antes de ser implementada en toda la iglesia.
35. Estos cursos de «Educación Teológica por Extensión» (llamados F.L.E.T. –Facultad Latinoamericana de Estudios Teológicos) son desarrollados por Episcopales conservadores en Argentina y se usan en toda la América Latina.
36. Se ha detenido esta enseñanza porque se descubrió que los líderes superiores no estaban multiplicando los grupos celulares; tampoco estaban aprendiendo sobre la visión de la iglesia.

Capítulo 6

1. «Colombia», Informe del Departamento de Estado, 1996 [sitio en Internet, citado en junio de 1999] www.travel.state.gov.
2. Durante una comida en febrero de 1997, César Castellanos le dijo a Ralph Neighbour, hijo, y al autor que él deseaba cambiar la reputación de Colombia a través del ministerio de su iglesia. Durante una de sus presentaciones en el Centro de Oración Mundial Betania en junio de 1996, les pidió que lo perdonaran a él y a Colombia por las terribles atrocidades que se cometían allí. César Fajardo dio la ilustración una vez de cómo los conquistadores españoles planearon en usar Colombia como su punto estratégico para conquistar el resto de América Latina. De la misma manera, dijo Fajardo, creemos que Dios quiere usar MCI para ganar el resto del mundo a través de la estrategia celular (César Fajardo, La Visión, cassette de audio).
3. César Castellanos, cassette de vídeo del seminario celular dado en mayo de 1998, en Quito, Ecuador.
4. César Castellanos, «Transitioning to the Cell Church Philosophy» (Realizando la Transición a la Filosofía de la Iglesia Celular), cassette de audio
5. César Castellanos, 10 Mandamientos para el Grupo Celular, cassette de vídeo.

6. Claudia Castellanos, cassette de vídeo del seminario celular dado en mayo de 1998 en Quito, Ecuador.
7. Luis Salas, seminario celular dado en la Iglesia de la República en Quito, Ecuador, noviembre de 1998.
8. Mike Atkins, Estudio sobre la Estrategia G-12. Correo electrónico enviado al autor en setiembre de 1998.
9. No hay un tiempo fijo para que un grupo multiplique en MCI, pero según mi encuesta, se necesita un promedio de cuatro a cinco meses.
10. Luis Salas dijo que ahora ellos le dan una encuesta al organizador celular para determinar si la célula existe de verdad. Parece que algunos líderes estaban produciendo números elevados de células que no estaban funcionando. Luis Salas me dijo en marzo de 1999 que había sólo 18.000 grupos pequeños, cada uno con más de 6 personas (Luis Salas, correo electrónico al autor, marzo de 1999).
11. Ibíd.
12. A muchos adultos como Carlos les gusta de vez en cuando asistir al culto juvenil del sábado por la noche.
13. Utilizo el nombre «Javier» en esta entrevista porque él prefirió no revelar su nombre verdadero.
14. Luis Salas, seminario celular dado en la Iglesia de la República en Quito, Ecuador, noviembre de 1998.
15. En parte, Luis ha escogido mantener su trabajo de computación de tiempo completo. En marzo de 1999, cuando visité MCI, Luis me dijo que recientemente había conversado con César Castellanos sobre la posibilidad de incorporarse al personal de tiempo completo. Luis también es un músico que dirige su propio grupo cristiano de música contemporánea que ha producido varias cintas. No nos sorprende el hecho de que Luis sólo duerme aproximadamente cinco horas por noche.

Capítulo 7

1. Luis Salas es uno de los doce de César Castellanos que en unos pocos años multiplicó su primera célula 600 veces.
2. Seminario Tres de Entrenamiento Celular Avanzado (Houston, TX,: TOUCH Outreach Ministries, Inc., 1998), pp 14-15 de Día 1 Sesión 4.
3. Este punto se repite una y otra vez de parte de los líderes principales en MCI –no solamente de parte de César Castellanos–. Estoy cada vez más convencido de que éste es quizás el principio más importante en MCI.
4. Para obtener la información completa sobre este tema, por favor lea mi libro, *Explosión de los Grupos Celulares Caseros: Cómo Su Pequeño Grupo Puede Crecer y Multiplicar* (Editorial Clie, España). En resumen, descubrí que los líderes celulares exitosos que multiplicaron su grupo, pasaban más tiempo buscando el rostro de Dios, dependiendo de Él para el liderazgo de su grupo celular. Ellos se preparaban primero y recién entonces preparaban la lección. Ellos oraban diligentemente por sus miembros, y también por sus contactos no-cristianos. Pero los líderes celulares exitosos no se detenían en la oración. Ellos bajaban de la cima de la montaña para relacionarse con personas reales, llenas de problemas y dolor. También pastoreaban sus miembros celulares, visitándolos regularmente. Se negaban a permitir que los obstáculos –que tienen que enfrentar todos los líderes celulares– los superen. Ellos fijaban sus ojos en una meta: alcanzar un mundo perdido para Jesús a través de la multiplicación celular.
5. Harold F. Weitsz, «Quest for the Perfect Pastoral System» (La Búsqueda de un Sistema Pastoral Perfecto), Little Falls, Roodepoort, Sudáfrica: Centro Cristiano Little Falls, n.d. 4
6. Ralph Neighbour, hijo, «7 Barriers to Growth» (7 Barreras al Crecimiento), CellChurch, Vol. 6, No. 3 (Verano 1997): 16.
7. Seminario Tres de Entrenamiento Celular Avanzado.
8. En el modelo celular original fundado por David Cho, cuando se formaban cinco células, un supervisor era nombrado para rotar entre esas cinco células. Se le pedía que dejara de dirigir su célula para cuidar de esos cinco grupos. Cuando

surgían cinco supervisores (cada uno sobre cinco células), un pastor de zona era nombrado para cuidar a esos supervisores. Este proceso de nombramientos continuaba hacia arriba hasta la oficina del pastor de distrito que cuidaba a los pastores de zona. Nadie subía más arriba a menos que él o ella recibieran una invitación para asumir la posición.

9. Este promedio proviene del hecho de que las células se reúnen todas las semanas en la Iglesia de la República, mientras los grupos G-12 deben reunirse una vez por mes. Esto significa que en la Iglesia de la República, los grupos G-12 se reúnen dos veces por mes (el líder G-12 se reúne con sus discípulos una vez por mes y los discípulos del líder G-12 se reúnen a su vez una vez por mes con sus discípulos).
10. Castellanos habla acerca de los grupos homogéneos como uno de los siete principios fundamentales del modelo G-12 («The Cell Method through the Groups of Twelve» El Método Celular a través de los Grupos de Doce, cassette de audio).
11. José María Villanueva, "The Development of the Encounters", (El Desarrollo de los Encuentros), cassette de audio.

CAPÍTULO 8

1. James M. Kourzes & Barry Z. Posner, *El Desafío del Liderazgo: Cómo Seguir Consiguiendo Cosas Extraordinarias Realizadas en las Organizaciones* (San Francisco, CA: Editorial Jossey-Bass, 1995), 9-10.
2. No todas las iglesias basan sus lecciones celulares sobre el sermón del domingo de mañana. Karen Hurston señala que la Iglesia del Pleno Evangelio Yoido usaba originalmente los mensajes de la exposición de Cho de sus reuniones del miércoles por la noche. Luego los líderes principales preparaban las lecciones celulares basados en la enseñanza general de Cho. La mayoría de las iglesias en el mundo, sin embargo, utilizan el mensaje del domingo por la mañana como la base para su lección celular semanal.
3. Entiendan que éste es el ideal. He observado que el número 5x5 no siempre se sigue. Elim, por ejemplo, tenía unos ocho pastores de zona (en lugar de cinco) bajo cada pastor de distrito.
4. Diferencias entre los modelos 5x5 y G-12:

PRINCIPIOS FUNDAMENTALES	Estructura 5X5	Estructura G-12
ENTRENAMIENTO PARA EL LIDERAZGO	Los líderes potenciales son entrenados dentro de la célula y a través de los seminarios antes de empezar el liderazgo celular. Un entrenamiento continuado (a menudo semanalmente) incluye zonas y distritos.	Los líderes potenciales son entrenados a través de los Retiros Encuentro y en la Escuela de Liderazgo (vea capítulo 5).
DIVISIÓN GEOGRÁFICA	Los grupos celulares son divididos según las áreas geográficas bajo los pastores de distrito, líderes de zona y supervisores de sección.	Los grupos celulares son divididos en grupos homogéneos: hombres, mujeres, parejas, jóvenes profesionales, juventud, adolescentes y niños. El sistema G-12 fluye hacia abajo desde cada categoría homogénea.

SISTEMA JETRO	Los líderes principales son levantados para pastorear los líderes celulares bajo ellos. Sus nombres son: pastores de distrito, pastores de zona, supervisores (o líderes de sección) y líderes celulares.	Hay sólo dos títulos: líder G-12 y líder celular. Los líderes G-12 muy exitosos (según se mide en la multiplicación celular) son invitados para servir junto al personal pastoral.
MULTIPLICACIÓN	Ciertos miembros dotados son nombrados como futuros líderes y guían la célula hija recientemente formada. La multiplicación de la célula madre-hija es la norma. La célula da a luz otra célula cuando la célula madre alcanza un cierto tamaño.	Se espera que cada miembro dirija finalmente un grupo celular. Cuando la persona termina su entrenamiento él o ella empieza un grupo celular. El tamaño de la célula madre no es importante.
PLANIFICACIÓN CENTRAL	La planificación del grupo celular tiene lugar en un nivel centralizado en las oficinas del distrito.	La planificación del grupo celular se maneja principalmente a través de cada grupo G-12 bajo los diferentes departamentos homogéneos
CUIDADO DEL LÍDER CELULAR	Los Líderes Celulares son cuidados por los pastores de distrito, pastores de zona y supervisores.	Los líderes son cuidados por los líderes de doce desde los niveles inferiores todo el camino hasta llegar a los doce discípulos del Pastor Castellanos.

El modelo 5x5 enfoca en el tamaño de un grupo y en dar nacimiento a células hijas –réplicas exactas de las células originales–. En el modelo 5x5, la célula madre se prepara para dar a luz una célula hija. Los líderes auxiliares son escogidos y entrenados para dirigir grupos de células hijas. La siguiente tabla resalta las fortalezas y debilidades de los dos modelos.

Fortalezas y debilidades de los dos modelos:

Modelo 5X5	Modelo G-12
FORTALEZAS	
• Mejor oportunidad de supervivencia celular • Buen control y liderazgo más fácil • Estructura simple para entender (Clara) • Buena estructura (cuidado) pastoral y comunicación • No es una carga con respecto al tiempo	• Enfocado a la evangelización • Reuniones de Liderazgo semanales (contacto más personal) • Énfasis en nuevos líderes • Concepto de plantación de células • Potencial de crecimiento más rápido • Enfoque en grupos homogéneos • No geográfico

• El camino de la promoción es claro • Promoción de liderazgo con planificación definida, territorial y enfocada	
DEBILIDADES	
• Los miembros débiles se pueden esconder para siempre • Trabajando relaciones desunidas a la multiplicación • Énfasis del límite geográfico • Los niveles múltiples crean distancia entre pastores, líderes celulares y miembros • Se necesitan más Pastores de tiempo completo • Desarrollo de liderazgo más lento • Algunos grupo son homogéneos son pasados por alto	• La calidad de liderazgo podría disminuir • La calidad de reuniones podría disminuir • El profesor de Monitoreo/Cuidado se debilita • Las relaciones forzadas (a veces relaciones fijas no deseadas) • Presiones de tiempo • Un sentimiento de pérdida de control • Células potencialmente débiles
OPORTUNIDADES	
• Estructura de la iglesia estable • Oportunidades del Ministerio claras • Evangelización (grupos específicos)	• Crecimiento rápido de la iglesia • Plantación de células (Homogéneas) • Desarrollo del liderazgo • Evangelización (grupos específicos)

5. La estructura 5x5 normalmente agrega personal pagado en los niveles superiores. Sin embargo, cuando el sistema crece, se agrega más personal. Esto no es necesariamente verdad, sin embargo. La iglesia Amor Viviente en Tegucigalpa, Honduras, ni siquiera paga a sus pastores de distrito. Todos los puestos celulares son voluntarios, salvo el papel de «director celular» (a partir de 1996-1997).
6. Larry Stockstill, «G-12 System» (El Sistema G-12), cassette de audio del mensaje dado en la Conferencia de los Pastores de la Iglesia Celular Nacional, noviembre . Ralph Neighbour, hijo «Structuring Your Church For Growth» (Estructurando Su Iglesia para el Crecimiento), CellChurch, Vol. 7, no. 2 (primavera 1998), 15.
7. Ralph Neighbour, hijo "Structuring Your Church For Growth" (Estructurando Su Iglesia para el Crecimiento), CellChurch, Vol. 7, n.º 2 (primavera) 1998), 15.
8. Mike Atkins.
9. MCI, por ejemplo, informó de un crecimiento celular increíble 1998 (24.000) y después tuvo que cambiar las estadísticas para ajustarse a la realidad al principio de 1999 (18.000).
10. El Movimiento Pastoral en la década de los 70 enseñaba la obediencia a los líderes. En este movimiento un «discípulo» tenía que obedecer al líder y someterse a sus directivas. La libertad y la iniciativa individuales no eran muy bien vistas, y muchos líderes controlaban a sus discípulos.

CAPÍTULO 9

1. «Oneworld», (Sitio en Internet), (accedido abril 6 de 1999), http://www.oneworld.org/
2. César Castellanos, *Sueña y Ganarás el Mundo*, 87.
3. Ibíd, 86.
4. Correo electrónico de Ralph Neighbour, hijo, al autor, 27 de noviembre de 1998. Estoy de acuerdo con Neighbour. Algunos entienden erróneamente que la estructura G-12 funciona aparte del sistema celular. Si su sistema G-12 funciona aparte

del cuidado pastoral de su sistema celular, usted está creando dos sistemas separados y está abriendo la puerta para todo tipo de confusión. Algunas personas piensan que usted puede discipular a las personas en el modelo G-12 que son diferentes a sus líderes celulares. ¿Pero quiénes serían estos discípulos? Muy pronto usted tendrá problemas.

4. *The New Bible Dictionary* (Nuevo Diccionario de la Biblia) (Wheaton, Illinois,: Tyndale House Publicadores, Inc., 1962. «discípulo».
5. Realmente, MCI enseña que usted hace a sus discípulos a su imagen (César Castellanos, Liderazgo Exitoso a través del Modelo G-12, cassette de audio). Sí, probablemente MCI clarificará esto diciendo que usted hace que sus discípulos sean como usted porque usted es como Cristo, que es bíblico. Sin embargo se requiere mucha cautela aquí.
6. César Castellanos, Liderazgo Exitoso a través del Modelo G-12, cassette de audio.
7. Un pastor en una iglesia G-12 cuestionó toda la idea de decir que doce personas son sus discípulos cuando usted no los ha llevado personalmente al Señor. Él sentía que era extraño que uno pudiera ir escogiendo sus «discípulos» cuando estas mismas personas han sido discipuladas por muchas otras personas. Este pastor particular sentía que un discípulo era alguien que usted había ganado para Cristo y que había entrenado para llegar a ser un líder celular. Él sentía que la meta de una iglesia debe ser que cada miembro haga un discípulo semejante por año.
8. César Castellanos y los pastores en MCI le dirán que la visión del número doce vino directamente de Dios, y por consiguiente usted debe seguirlo. Ellos justifican a menudo este número particular refiriéndose a una revelación directa de Dios.
9. Larry Stockstill, El Principio de los 12, cassette de audio del mensaje dado en la Conferencia de Pastores de la Iglesia Celular Nacional en noviembre de 1997.
10. Jay Firebaugh, correo electrónico al autor, 9 de abril de 1999.

Capítulo 10

1. Jeannette Buller, «Cell Church» (sitio en Internet), accedido en junio de 1999. www.cell-church.org.
2. Creo que incluso usted puede aplicar los principios G-12 en su iglesia sin cambiar drásticamente su estructura de iglesia celular. Si está usando la estructura 5x5, puede adaptar esa estructura simplemente usando los principios G-12. Usted podría llamarlo el modelo G-5.
3. Todas las estadísticas para las doce iglesias en los Capítulos 10-11 reflejan su crecimiento hasta el primer trimestre de 1999.
4. Tim Sheuer, correo electrónico al autor, 28 de abril de 1999.
5. Ibíd
6. «Advanced Cell Training Four Seminar» (Cuarto Seminario de Entrenamiento Celular Avanzado) (Houston, TX,: Ministerios de Evangelización TOUCH, Inc, 1998), pp 14-15 de Día 1, Sesión 4.
7. Brad Shedd, correo electrónico al autor, junio de 1999.
8. El libro del pastor Larry, *The Cell Church*, (La Iglesia Celular) (Ventura, CA,: Regal Books, 1998) dedica un capítulo entero al modelo G-12. En mi libro *Reap The Harvest* (Recogiendo la Cosecha) (Houston, TX,: TOUCH Publicaciones, 1999) yo hablo sobre la transición de COMB al modelo G-12, en el apéndice. *Home Cell Group Explosion* (La Explosión de los Grupos Celulares Caseros) (Houston, TX,: TOUCH Publicaciones, 1998) también habla del modelo G-12 en COMB.
9. Debemos recordar que el crecimiento en el comienzo y la excitación en Betania no vinieron tanto del modelo G-12 como del nuevo énfasis en las células homogéneas. La inmensa mayoría de más de 500 nuevos grupos que COMB ha empezado desde la transición al modelo G-12 son grupos homogéneos. Estos grupos están basados en intereses especiales como los deportes, el trabajo, o la escuela. Los grupos homogéneos son una manera eficaz de evangelizar y discipular a los que no son cristianos. La mayoría de los norteamericanos sabe su lugar de trabajo, pero no conoce quiénes son sus vecinos. COMB todavía mantiene su distinción geográfica, mientras tiene la libertad para empezar grupos homogéneos.

10. Billy Hornsby, «Activity: Maintenance-Growth» (Actividad: Mantenimiento-crecimiento), cassette de audio de la «Serie Manteniendo la Cosecha», enero de 1998.
11. «Leadership Summit», (La Cumbre del Liderazgo), Centro de Oración Mundial Betania, agosto de 1999.
12. Billy Hornsby, correo electrónico al autor, 24 de noviembre 1998.
13. Larry Stockstill, «G -12 System», (El Sistema G-12) cassette de audio.

Capítulo 11

1. Kouzes y Posner, «The Leadership Challenge» (El Desafío del Liderazgo), xviii.
2. Personalmente, creo que la senda de entrenamiento del Centro Cristiano de Little Falls es una de las mejores en el mercado de la iglesia celular hoy día. Todos los líderes potenciales pueden asistir a la senda de entrenamiento que consiste en cuatro encuentros de fin de semana durante un período de cuatro meses. Los encuentros de fin de semana son repetidos continuamente a lo largo del año y le permiten a cada miembro que seleccione cuatro fines de semana convenientes a su estilo de vida y otros compromisos. Uno puede completar los cuatro encuentros por consiguiente en un periodo de cuatro meses o más.
   Precediendo cada encuentro de fin de semana, cada miembro recibe un folleto del proceso con preguntas para contestar. Después de completar el cuestionario de este folleto, el líder celular lo revisa y lo firma, permitiéndole así al miembro asistir al Encuentro durante el fin de semana. De esta manera el folleto llega a ser el «boleto de entrada» para el encuentro de fin de semana apropiado y califica a la persona para recibir el manual de entrenamiento de fin de semana.
   Los cuatro fines de semana del encuentro cubren los conceptos básicos de la vida cristiana, la libertad espiritual y victoria, cómo ganar almas y entrenamiento para el liderazgo celular. Los fines de semana se realizan en la iglesia, comienzan el viernes de noche, y concluyen el sábado. El miembro debe asistir a su reunión celular fielmente para cumplir con las asignaciones del fin de semana. Una vez que el curso se haya completado se espera que el nuevo líder asista al fin de semana de entrenamiento general de líderes trimestral.
   Después de llegar a ser un líder celular, hay más entrenamiento para los supervisores de zona, y el curso de dos años de la Universidad de CCLF para la Educación Cristiana Avanzada debe ser completado por todos los que surgen como nuevos pastores potenciales de las filas de los Supervisores de Zona. Los líderes potenciales recientemente especializados pueden empezar sus propias células –conectándolos a la actual estructura tipo Jetro, o incluso son estimulados a plantar nuevas células en su lugar de trabajo o lugares de deporte y otros intereses–. Muchos llegan a ser aprendices de líderes celulares y pueden comenzar células nuevas enseguida después de completar la senda de entrenamiento. La senda de entrenamiento es capaz de entrenar cientos de nuevos líderes celulares por año.
   Las misiones y organizaciones de evangelización más grandes en África del Sur; los Ministerios Jesús Viviente bajo el liderazgo del Evangelista Peter Pretorius están ahora también en el proceso de traducir completamente la senda de entrenamiento CCLF a varios idiomas africanos en DVD, con 2.000 equipos DVD y pantallas para ser puestos en 2.000 puntos de entrenamiento para los líderes en África. Esto será aumentado finalmente a 7.000 puntos de entrenamiento. Este proyecto promoverá la plantación y desarrollo de las iglesias G-12 en África. Los Ministerios Jesús Viviente ya han visto más de 4.000.000 de almas ganadas para Cristo en África, y se esforzarán ahora para ubicar los miles de convertidos en las manos de los líderes G-12 especializados en el continente.
3. Neville Chamberlain, ed. «Cell Church Missions Network News Roundup #43» (Resumen de Noticias de la Red de Misiones de la Iglesia Celular #43, correo electrónico al autor en junio de 1999.
4. Según Abbalove, la estructura vertical anterior causó el estancamiento y declive de la iglesia, generalmente después de 5-7 años según la experiencia anterior de Eddy. Por ejemplo, si un líder decide causar problemas en algún punto en la cadena de jerarquías, él podría llevar a todos los que están a su cargo muy lejos. Por

esta razón este modelo siempre requiere un líder muy fuerte en la cima para mantener a todos en línea. Abbalove encontró que si un líder se mudaba a otra ciudad, no era fácil de llenar el hueco en la cadena. Además, en el anterior modelo semejante al G-12 una persona podía aprender eficazmente de sólo una persona (su líder inmediato) durante toda su vida, que no es un modelo saludable, equilibrado.
5. Jerry Smith, correo electrónico a Ralph Neighbour, 26 de febrero de 1998.
6. Otros en el personal sentían que debían dejar de lado las divisiones geográficas y concentrarse solamente en los ministerios, para permitir que el modelo G-12 fluya naturalmente de estas nuevas divisiones.
7. En CCG, se requieren aproximadamente seis meses (dos trimestres) para dirigir un grupo celular.

CAPÍTULO 12

1. Jim Egli, *What Do I Do With The G-12 Model?* (¿Qué Hago Con el Modelo G-12?) CellChurch. Vol. 7, No. 4 (Otoño 1998) 26-27.
2. Jerry Smith, correo electrónico a Ralph Neighbour, 26 de febrero de 1998
3. La mayoría de las personas que usan los Retiros de Encuentro no está siguiendo precisamente el modelo de retiros de tres días de MCI.
4. Esta ciencia tiene que ver sobre la forma cómo se difunden los cambios en una cultura particular u organización, descritos mejor por Everett M. Rogers, en «Diffusion of Innovations» (La Difusión de las Innovaciones), Ed 4. (Nueva York:The Free Press, 1995).
5. Jim Egli, *What Do I Do With The G-12 Model* (¿Qué Hago Con el Modelo G-12?» 26-27.
6. Ibíd.
7. Ibíd.

APÉNDICE A

1. César Castellanos, *Sueña y Ganarás el Mundo*, 177.
2. Entrevista personal con Luis Salas, 28 de noviembre de 1998.
3. Ibíd.
4. Randall Neighbour, correo electrónico al autor, 14 de abril de 1998.
5. Mike Atkins.
6. Alan Creech, «Cell Church» sitio internet (Accedido en diciembre de 1998) www.cellchurch.org.

ÍNDICE TEMÁTICO